JN383491

닉토사우루스
유디모르포돈
닉토사우루스
케아라닥틸루스
코엘루로사우라부스
오르니토케이루스
시조새
캐찰코아틀루스
다모르포돈
암모나이트
탈로사우루스
타페자라
시팍티누스
플레시오사우루스

콤프소그나투스

카르노타우루스

망로사우루스

트로오돈

안킬로사우루스

티라노사우루스 렉스

데이노니쿠스

닐로포사우루스

코엘로파시스

알베르토사우루스

데이노수쿠스

# 공룡
# 대탐험 여행

## 모험으로 가득 찬 공룡 탐험을 떠나요!

리즈 마일즈 글
조 해리스 그림
고은주 옮김

산수야

# 차례

**과거 세계로 온 걸 환영해요! · 4**

**거대한 공룡 · 6**
흥미진진한 사파리 여행 10 | 목이 긴 공룡 12 | 가시 달린 사냥꾼 14 | 공룡들의 발자국 16 | 거대한 공룡 알 18 | 걸어 다니는 탱크 20 | 용처럼 생긴 공룡 22 | 골판과 가시 24 | 공룡의 울음소리 26 | 무시무시한 28 | 거인 중의 거인? 30 | 몸을 숨기는 공룡 32 | 거대한 공룡 사파리 보고서 34

**하늘을 나는 공룡 · 36**
하늘을 나는 공룡 사파리 40 | 날아다니며 물고기를 잡는 익룡 42 | 작은 공룡들 44 | 날갯짓을 하는 익룡 46 | 볏이 달린 익룡 48 | 바늘처럼 뾰족한 이빨 50 | 최초의 새 52 | 글라이더처럼 나는 도마뱀 54 | 펑크족 익룡 56 | 바닷가에 모여든 디모르포돈 58 | 날개 달린 뱀 60 | 철새의 이동 62 | 하늘을 나는 공룡 사파리 보고서 64

**바다 공룡 · 66**
바다 공룡 사파리 70 | 거대한 달팽이 72 | 무시무시한 거북이 74 | 무시무시한 입 76 | 악마 같은 물고기 78 | 네스 호의 공룡 80 | 순찰하는 상어 82 | 물고기 도마뱀 84 | '공룡'이라 불리는 사경룡 86 | 무시무시한 전갈 88 | 공포의 상어 90 | 뱀의 목 92 | 바다 공룡 사파리 보고서 94

**포식 공룡 · 96**
포식자를 찾아 떠나는 탐험 100 | 작지만 무서운 공룡 102 | 고기를 먹는 황소 104 | 중량급 덩치 106 | 밤의 사냥꾼들 108 | 무시무시한 폭군 110 | 꼬리로 싸우는 공룡들 112 | 발로 싸우는 공룡들 114 | 쓰레기를 뒤지는 무리 116 | 볏이 있는 포식자 118 | 숨어 있다 기습하라! 120 | 사파리 여행을 마치며 122 | 포식 공룡 사파리 보고서 124

**옮긴이의 말 · 126**

# 과거 세계로 온 걸 환영해요!

머나 먼 바다에 아주 특별한 섬들이 옹기종기 모여 있어요. 바로 그 섬에 공룡들이 살고 있지요. 탐험가와 과학자들이 비행기를 타고 섬을 둘러보고 왔어요. 우리에게 주어진 임무는 5일 동안 이 섬들을 탐험하는 거예요. 우리는 보고 들은 것을 자세히 기록하고, 공룡들의 사진을 찍을 거예요.

탐험은 설레는 일이지만 위험하기도 해요. 구조원들이 배에서 대기하고 있지만 멀리 떨어져 있어서 섬에 도착하면 무엇이든 혼자서 헤쳐 나가야 해요.

어린이 여러분, 무시무시하고 어마어마하게 큰 공룡을 만날 준비가 되었나요?

첫째 날

# 거대한 공룡
## GIANT DINOSAURS

여러분, 손에 땀을 쥐게 하는 모험을 할 준비가 되었나요? 비밀의 섬에 거의 다 왔어요. 거대한 원시 시대 공룡들로 가득 찬 섬이지요. 오늘 우리의 목표는 가장 커다란 공룡의 사진을 찍는 거예요. 자세히 관찰하고, 빨리 달아날 수 있어야 해요. 당연히 용기도 필요해요.

# 거대한 공룡

지도는 탐험을 떠나기 전에 꼭 확인해야 해요.

# 찾아야 할 공룡

▲ **디플로도쿠스**
어마어마한 크기를 자랑하는 디플로도쿠스는 넓은 초원에서 살아요.

▶ **트리케라톱스**

풀을 먹는 트리케라톱스는 수풀 근처에 있어요.

◀ **스테고사우루스**

스테고사우루스는 따뜻하고 풀이 있는 곳을 좋아해요.

▼ **기가노토사우루스**
물가에서 먹잇감을 쫓아다니기 때문에 호숫가에서 찾을 수 있어요.

▲ **아르젠티노사우루스**
덩치가 산만 한 아르젠티노사우루스는 정말 산 근처에 있을까요?

# 흥미진진한 사파리 여행

낙하산을 타고 섬으로 내려오면 모험이 시작돼요. 비행기 조종사는 낮게 원을 그리면서 적당한 낙하지점을 찾고 있어요. 우리는 창밖을 보다가 깜짝 놀랐어요. 이 섬에 6천 5백만 년 전에 사라졌다는 공룡들이 살고 있어요!

우리가 섬 위를 비행하고 있는데, 하늘을 나는 파충류들이 비행기로 덤벼들어요. 프테라노돈이 틀림없어요.

프테라노돈이 어마어마하게 커서 깜짝 놀랐어요. 프테라노돈의 날개보다 긴 날개를 가진 새는 이 세상에 없어요.

곧 트리케라톱스처럼 거대하고 육중한 공룡들을 만나게 될 거예요. 그 녀석들은 초식 동물이지만, 우리를 발로 납작하게 밟거나 뿔로 찌를 수 있어요.

## 사파리 여행의 필수품

### 은행잎
커다란 공룡들 중에는 초식 동물도 있어요. 그래서 맛있는 은행잎으로 공룡들의 관심을 끌 수 있지요. '살아 있는 화석'이라고 불리는 은행나무는 2억 7천만 년 전부터 생존했대요.

### 사진기
친구들은 우리가 사파리 여행에서 본 것을 믿으려 하지 않을 거예요. 그래서 사진으로 증거를 남겨 두는 게 좋아요! 성능 좋은 줌렌즈가 있다면 공룡 가까이 다가가지 않아도 되겠죠?

### 디노패드
공룡에 관해 알아야 할 모든 정보들은 전자책 리더에 내려받을 수 있어요.

# 목이 긴 공룡

낙하산이 산들바람을 타고 부드러운 모래사장 위에 떨어졌는데 바로 옆에 어마어마하게 큰 브라키오사우루스 무리가 있어요. 서로에게 소리를 지르네요. 우리를 무서워하는 걸까요? 브라키오사우루스의 강력한 꼬리를 피해서 재빠르게 낙하산을 챙긴 후, 느릿느릿 걷는 덩치 큰 녀석들을 쫓아 숲으로 가요.

브라키오사우루스는
말보다 키가 훨씬 커요.
긴 목을 이용하면
침엽수 꼭대기에 있는
나뭇잎을 뜯어먹을 수 있지요.
발자국은 무려 1미터나 된답니다.

꿀처럼 생긴 이빨은 잎을 쉽게 자를 수 있지만 잘 씹지는 못해요.
그래서 돌을 삼켜서 뱃속의 잎을 갈아 소화를 돕지요.

브라키오사우루스는 용각류예요. 몸집이 커다란 육상 동물들이 용각류*에 속해요.

이름의 뜻 : 팔 도마뱀
키 : 16미터
몸길이 : 30미터
분류 : 브라키오사우루스과
살았던 때 : 쥐라기 후기
몸무게 : 88,000킬로그램(88톤)
살았던 곳 : 알제리, 포르투갈, 탄자니아, 미국
먹이 : 식물

*용각류 : 목이 길고 몸집이 큰 초식 또는 잡식성 공룡.

## 잎을 뜯어먹는 동물들

몸집이 큰 공룡 중에는 초식 동물이 많아요.

▲ 알라모사우루스
알라모사우루스는 몸집이 크지만, 뒷다리가 아주 튼튼해서 높은 나뭇가지까지 몸을 늘일 때 몸 전체를 지탱해요.

▶ 이구아노돈
초식성의 이구아노돈은 부리 모양의 입 안에 튼튼한 이빨이 있어서 식물을 잘 씹어요.

◀ 원시 시대의 식물
꽃식물은 백악기가 되어서야 번성했기 때문에 용각류 공룡들은 침엽수와 상록수의 거친 잎을 먹고 살아야 했어요.

# 가시 달린 사냥꾼

이제 햇빛이 비치는 습지로 들어가서 거대한 포식자*를 만날 거예요. 스피노사우루스가 물웅덩이를 들여다보고 있더니 갑자기 물고기를 낚아채요. 날카로운 이빨 좀 보세요. 입에서는 지독한 냄새가 나요. 스피노사우루스가 고개를 돌려 우리를 빤히 쳐다봐요. 걸음아, 살려줘!

*포식자 : 다른 동물을 잡아서 죽이고 먹이로 삼는 동물.

스피노사우루스의 주둥이는 육식성 공룡과는 다르게 좁고 길며, 이빨은 작고 날카로워서 미끄러지는 물고기를 쉽게 잡아챌 수 있어요.

스피노사우루스는 주로 죽은 짐승의 고기와 물고기를 먹어요. 커다란 엄지발톱은 싸움을 할 때나 물고기를 움켜쥘 때 사용해요.

스피노사우루스의 등에 솟아 있는 '돛'은 태양전지처럼 체온을 올리거나, 자동차 냉각기처럼 체온을 내리는 역할을 한 것 같아요. 아니면 과시용이었을까요?

## 돛과 지느러미

▶ 스피노사우루스의 돛에는 2미터나 되는 커다란 가시가 있어요.

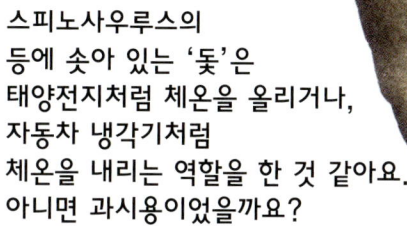

▲ 아크로칸토사우루스의 등에는 작은 지느러미가 있어요. 스피노사우루스의 돛보다 두꺼운 지느러미는 지방을 저장하거나 신호를 보낼 때 사용했어요.

수각룡*인 스피노사우루스는 지상에서 몸이 가장 긴 포식자이지만 몸집이 가장 큰 건 아니에요.

- 이름의 뜻 : 가시 도마뱀
- 키 : 5미터
- 몸길이 : 16미터
- 분류 : 스피노사우루스과
- 살았던 때 : 백악기 후기
- 몸무게 : 3,600킬로그램(약 4톤)
- 살았던 곳 : 이집트, 모로코
- 먹이 : 고기

*수각룡 : 티라노사우루스 렉스와 기가노토사우루스처럼 두 발로 걷고 주로 고기를 먹어요.

▼ 디메트로돈의 키는 3미터예요.
페름기*에 살았던 가장 무서운 포식자이지요. 먹잇감들은 등에 있는 돛만 봐도 두려워했을 거예요.

*페름기 : 고생대의 마지막 시대. 약 2억 9,000만 년 전부터 2억 4,500만 년 전까지의 시기예요.

15

# 공룡들의 발자국

숨이 차도록 엄청 달렸어요. 나무를 살짝 젖히니 발자국들이 보여요. 발자국을 따라가면 주인이 누구인지 알 수 있겠죠. 디플로도쿠스 무리예요! 우리는 디플로도쿠스가 무지무지 크지만 순할 거라고 생각했어요. 하지만 디플로도쿠스의 꼬리는 무시무시한 무기지 뭐예요. 회초리 같은 꼬리는 얼른 피해야 해요.

머리 위에 콧구멍이 있어서 풀을 먹고 있어도 포식자가 오면 냄새로 알아요.

가느다란 이빨, 아래로 숙여진 머리,
긴 목은 키 작은 식물을 먹기에 알맞아요.
소처럼 풀을 먹어요.

몸의 크기에 비해 머리가 작고 뇌도 작아서 별로 영리하지 않아요.

디플로도쿠스는 유명한 공룡으로 풀을 먹으며 무리 지어 다녀요.

이름의 뜻 : 두 개의 기둥
키 : 5미터
몸길이 : 27미터
분류 : 디플로도쿠스과
살았던 때 : 쥐라기 후기
몸무게 : 12,000킬로그램(12톤)
살았던 곳 : 미국
먹이 : 식물

# 발과 발자국

발자국 화석을 보면 공룡들이 어떻게 걷는지 알 수 있어요.

◀ 디플로도쿠스의 뒷발은 크고 앞발은 작아요. 발바닥은 두껍고 발가락은 세 개예요. 그래야 육중한 몸을 이끌고 걸을 수 있지요. 앞발에는 날카로운 엄지발톱이 있고, 걸음걸이는 느려요.

▶ 티라노사우루스를 비롯한 포식자들의 발자국은 커다란 새 발자국 같아요. 두 다리로 걷고, 빨리 달릴 수 있지요. 네 발가락 중에서 세 개만 땅을 딛어요.

▼ 트리케라톱스는 목이 긴 용각류 공룡보다 작은 발자국을 남겼어요. 발자국이 깊은 걸 보니 몸이 아주 무거웠나 봐요.

# 거대한 공룡 알

하얀 축구공과 비슷한 걸 발견했어요. 가까이 가서 보니 커다란 알이에요. 금방 낳았는지 아직도 따뜻해요. 알을 낳은 멋진 공룡은 바로 아파토사우루스예요! 디플로도쿠스보다 더 기운이 세게 생겼어요. 알은 돌보지 않고 돌아다니기만 하네요.

아파토사우루스는 알이나 갓 태어난 공룡을 돌보지 않아요. 그래서 알은 포식자의 좋은 먹이가 돼요.

아파토사우루스는 걸어 다니면서 알을 낳아요. 알은 2.5미터 높이에서 떨어져도 깨어지지 않아요.

아파토사우루스의 알은 지름이 30센티미터나 돼요.

아파토사우루스(브론토사우루스 라고도 해요.)는 거대한 용각류이지만 위험하지 않아요. 밟히지만 않으면 돼요.

이름의 뜻 : 속이는 도마뱀
키 : 4미터
몸길이 : 21미터
분류 : 디플로도쿠스과
살았던 때 : 쥐라기 후기
몸무게 : 33,000킬로그램(33톤)
살았던 지역 : 미국
먹이 : 식물

## 알과 둥지

▶ 알은 갈리미무스처럼 부리가 있는 공룡이 좋아하는 먹이에요. 이빨이 없는 긴 입으로 껍데기를 쉽게 깰 수 있어요.

▼ 대부분의 공룡들은 마이아사우라('착한 어미 도마뱀'이라는 뜻)처럼 둥지(흙더미)에 알을 낳아요. 마이아사우라는 여러 해 동안 아기 공룡을 돌보며 함께 다녀요.

▼ 이제까지 발견된 가장 큰 공룡 알 화석은 길이가 40센티미터나 되는 타원형이에요.

# 걸어 다니는 탱크

뿔 달린 무서운 공룡 네 마리를 만났어요. 탱크처럼 생긴 트리케라톱스예요! 공룡들이 흥분한 것 같지만 초식 동물이라서 안심해도 돼요. 수컷 두 마리가 머리를 맞대고 싸우는 게 보여요. 뿔에 금이 가고 요란한 소리가 울려 퍼져요. 다른 한 마리가 거들자 숲 전체가 흔들려요. 우리는 발에 밟히기 전에 얼른 달아나는 게 좋겠어요.

수컷들은 짝짓기를 할 때 날카로운 뿔 세 개로 싸워요. 그 뿔로 포식자들과 맞서 싸울 수도 있지요. 티라노사우루스가 덤비면 아랫배를 찌르고 도망가요.

목도리는 목이 물리거나 발톱에 찢기거나 뿔에 찔리지 않도록 보호해 줘요.

트리케라톱스의 이빨은 가위 같아서 키 작은 식물을 씹기에 딱 좋아요.

# 목도리 주름장식이 있는 공룡

트리케라톱스는 뿔이 세 개 달린 무시무시한 초식 동물이에요.

이름의 뜻 : 세 개의 뿔이 달린 얼굴
키 : 3미터
몸길이 : 9미터
분류 : 케라톱스과
살았던 때 : 백악기 후기
몸무게 : 5,400킬로그램(약 6톤)
살았던 곳 : 미국
먹이 : 식물

▼ 카스모사우루스는 커다란 사각형 목도리가 있어요. 목도리는 딱딱한 뼈가 아니어서 무겁지 않아요. 뼈가 지지대를 이루고 피부가 감싸고 있어요.

◀ 스티라코사우루스는 여럿이 모여 60센티미터나 되는 뿔과 목도리로 방어벽을 만들 수 있어요. 연약한 아기 공룡들은 안쪽으로 들어가 보호를 받아요.

▼ 센트로사우루스의 목도리는 너무 얇아서 목을 보호하지 못해요. 하지만 포식자에게 무섭게 보이거나 짝에게 예쁘게 보일 수 있어요. 머리뼈를 보면 목도리에 구멍이 있어요. 목도리가 가볍겠죠?

# 용처럼 생긴 공룡

바스락거리는 소리를 따라갔더니 용처럼 생긴 케라토사우루스의 입이 나타났어요! 너무 놀라서 얼른 나무 위로 올라가서 바짝 붙었어요. 미끄러지면 칼 같은 이빨에 찔릴 거예요. 온몸을 오들오들 떨고 있는데 다른 먹잇감을 발견했는지 성큼성큼 걸어가네요. 휴, 살았어요.

케라토사우루스의 뿔과 뾰족뾰족한 돌기는 무섭게 보이려는 거예요.

입이 커서 먹이를 한 번에 물어 죽일 수 있어요.

케라토사우루스는 쥐라기 후기의 가장 흔한 포식자였어요.
한 마리가 있는 곳에는 친구들이 있기 마련이지요.

케라토사우루스는 알로사우루스와 같은 부류로 쥐라기 후기의 먹이 사슬 맨 꼭대기에 있었어요.

이름의 뜻 : 뿔 달린 도마뱀
키 : 4미터
몸길이 : 6미터
분류 : 케라토사우루스과
살았던 때 : 쥐라기 후기
몸무게 : 1,300킬로그램
살았던 곳 : 미국
먹이 : 고기

구부러진 발톱으로 상대를 쓰러뜨리고 시체의 고기를 뜯어낼 수 있어요.

## 거대한 공룡의 입

▶ 티라노사우루스 렉스와 케라토사우루스처럼 고기를 먹는 수각룡은 23센티미터나 되는 큰 이빨을 가지고 있어요. 고기를 뜯고 뼈를 으스러뜨릴 만큼 뾰족하고 날카롭지요.

▼ 하드로사우루스 중에서 가장 큰 산퉁고사우루스의 이빨은 378개예요. 하지만 하드로사우루스는 공룡 중에서 이빨이 가장 많아요. 1,000개나 되는 아주 작은 이빨로 질긴 식물을 씹어요.

▼ 아파토사우루스 같은 거대한 용각류는 머리가 작고 이빨도 작아요. 4센티미터의 못처럼 생긴 이빨은 잎을 뜯어 먹기에 좋아요.

# 골판과 가시

새로운 먹잇감이 보이죠? 스테고사우루스가 혼자 있네요. 포식자에게 다가오지 말라고 가시 달린 꼬리를 휘두르고, 등에 붙은 골판을 들어 올려요. 케라토사우루스가 뒷걸음질을 치는 것은 당연해요. 스테고사우루스는 강한 햇볕을 쬐며 연처럼 생긴 골판을 따뜻하게 만들지요.

등줄기의 골판은 약해서 공격을 당할 때 몸을 보호할 수 없지만 체온을 조절하는 데는 도움이 되지요.

스테고사우루스는 목이 짧아서 키 작은 식물만 먹어요.

스테고사우루스는 풀을 뜯고 씹을 수 있는 턱과 이빨이 있어요. 볼에는 먹이를 저장했다가 나중에 먹기도 해요.

스테고사우루스는 초식성 스테고사우루스과 중에서 가장 커요.

이름의 뜻 : 지붕 도마뱀
키 : 2.8미터
몸길이 : 9미터
분류 : 스테고사우루스과
살았던 때 : 쥐라기 후기
몸무게 : 2,700킬로그램(약 3톤)
살았던 곳 : 미국
먹이 : 식물

## 몸을 보호해요

▼ **살타사우루스**의 등은 작은 돌기로 덮여 있어요. 돌기 안에는 단단한 골판이 들어 있어요.

▼ **노도사우루스**는 사람의 키와 비슷해요. 거북이처럼 등껍질 속으로 숨어서 포식자가 더 이상 괴롭히지 않을 때까지 기다려요.

▼ **우에르호사우루스**는 스테고사우루스처럼 가시 달린 꼬리가 있고, 두 줄로 늘어선 골판도 있어요. 꼬리 가시는 '골침'이라고 불러요. 어떤 꼬리에는 무서운 가시가 10개나 있어요.

스테고사우루스는 포식자가 다가오면 무서운 가시를 휘두를 수 있어요.

# 공룡의 울음소리

경적 소리에 깜짝 놀랐어요. 돌아보니 빨간 볏이 달린 특이한 공룡이 있어요. 파라사우롤로푸스예요! 다시 경적 소리를 내니 작은 공룡이 나무 사이로 소리를 내며 오고 있어요. 수컷의 소리를 듣고 찾아온 암컷이에요. 어쩌죠? 커다란 포식자도 이 오리주둥이 공룡이 내는 소리를 들었어요.

뒤로 둥글게 젖혀진 볏과 꼬리는 날렵해서 눈에 띄지 않게 덤불 사이를 미끄러져요.

파라사우롤로푸스는 오리주둥이 공룡이라고 불러요. 주둥이가 지금의 오리 부리와 비슷하게 생겼기 때문이지요.

이름의 뜻 : 볏 달린 도마뱀
키 : 2.8미터
몸길이 : 10미터
분류 : 하드로사우루스과
살았던 때 : 백악기 후기
몸무게 : 2,700킬로그램(약 3톤)
살았던 곳 : 캐나다, 미국
먹이 : 식물

벗 안의 관은
울음소리를
크게 만들어요.

벗이 크면 수컷
파라사우롤로푸스랍니다.

콧소리는 호른이나
트롬본에서 나는 소리 같아요.

## 다른 하드로사우루스들

▼ **코리토사우루스**는 먹이를 부리로 자르고 많은 이빨들로 갈아요. 다른 하드로사우루스처럼 나뭇잎을 먹지요.

▼ **에드몬토사우루스**는 짝짓기를 할 때 두꺼비가 턱 아래를 부풀리는 것처럼 코 주위에 바람을 넣어요.

▼ **람베오사우루스**는 무리 지어 살아요. 함께 살면 더 안전하지요. 벗 모양을 보면 한 가족인지 알 수 있어요.

# 무시무시한 공룡

배고픈 기가노토사우루스가 먹잇감을 앞에 두고 으르렁거려요. 무서워서 옴짝달싹할 수가 없어요. 날카로운 발톱, 강한 턱, 사나운 이빨, 번득이는 눈을 보세요. 기가노토사우루스가 서서히 움직이며 우리와 하드로사우루스를 노려보고 있어요. 너무 놀란 나머지 우리는 그림자 속으로 숨었어요.

기가노토사우루스는 육식 공룡 중에서 가장 커요.

고기와 뼈를 뜯고 부수는 티라노사우루스 렉스의 이빨과 달리 기가노토사우루스의 이빨은 납작하고 짧은 칼 같아서 고기를 얇게 베어낼 수 있어요.

## 머리가 크면 똑똑할까?

몸에 비해서 뇌가 큰 공룡은 똑똑하대요.

▼ 티라노사우루스 렉스는 기가노토사우루스보다 몸집이 작지만 뇌는 더 커요. 사냥을 하려면 똑똑하고 눈이 좋고 빨라야 하기 때문에 큰 뇌가 필요해요.

▶ 트로오돈은 뇌와 눈이 커서 제일 똑똑한 공룡이래요.

▼ 스테고사우루스의 뇌는 레몬만 해요. 어떤 과학자들은 몸 어딘가에 뇌가 또 있을 거라고 생각하고 있어요.

---

기가노토사우루스는 수각룡 중에서 가장 크지만, 가장 큰 공룡은 아니에요. 키가 더 큰 초식 공룡들도 있어요.

- 이름의 뜻 : 남부의 거대한 도마뱀
- 키 : 3미터
- 몸길이 : 13미터
- 분류 : 알로사우루스과
- 살았던 때 : 백악기 중기
- 몸무게 : 5,400킬로그램(약 6톤)
- 살았던 곳 : 아르헨티나
- 먹이 : 고기

기가노토사우루스는 무겁지만 근육질의 뒷다리와 균형을 잡아주는 커다란 꼬리가 있어서 빨리 달릴 수 있어요.

## 거인 중의 거인?

갑자기 컴컴해졌어요. 거대한 공룡 그림자가 뒤덮었거든요. 눈을 크게 뜨고 올려다보았어요. 제일 큰 공룡인 것 같은데 대체 누구일까요? 아르젠티노사우루스예요. 이 거대한 먹잇감을 본 기가노토사우루스가 침을 흘리고 있어요. 이제까지 보지 못한 무시무시한 싸움이 벌어질 것 같아요. 이땐 줄행랑이 최고죠!

아르젠티노사우루스 같은 거대한 용각류는 자라면서 정말 많이 먹어요. 어린 공룡은 매일 45킬로그램씩 몸무게가 늘어난대요.

## 비교해 봐요

용각류인 아르젠티노사우루스가 가장 크고 무거운 육상 동물이에요.

이름의 뜻 : 아르헨티나의 도마뱀
키 : 21.4미터
몸길이 : 36.6미터
분류 : 안타르크토사우루스과
살았던 때 : 백악기 후기
몸무게 : 121,000킬로그램(121톤)
살았던 곳 : 아르헨티나
먹이 : 식물

아르젠티노사우루스는 어른 코끼리 15마리를 합쳐 놓은 것보다 더 무거워요.

▲ 아르젠티노사우루스의 새끼 화석이 발견되었어요. 과학자들이 등뼈를 재봤더니 키도 넓이도 1.5미터예요. 사람만 해요.

▶ 암피코엘리아스는 가장 큰 공룡이라는 타이틀의 경쟁자예요. 하지만 화석은 사라지고 그림만 남아 있어요.(옆의 그림을 보세요.)

◀ 세이스모사우루스는 가장 긴 공룡이에요. 꼬리가 무려 40미터나 되지요. 하지만 키는 아르젠티노사우루스가 더 크고 더 무거워요.

31

# 몸을 숨기는 공룡

해가 지고 있어요. 바닷가로 가서 보트를 타고 큰 배로 돌아갈 거예요. 습지에서 만난 낯선 공룡 몸에는 우리에게 익숙한 기린 몸에 있는 무늬가 있어요. 이 거대한 공룡도 무서운 포식자를 만나면 이 무늬를 이용해서 몸을 숨긴대요.

디크레오사우루스는 다른 용각류에 비해 목이 짧고 머리가 커요.

기린처럼 몸에 점이 있으면 나무 그늘 속에 숨어서 몸을 보호할 수 있어요.

디크레오사우루스는 지라파티탄과 켄트로사우루스 같은
다른 초식 동물들과 같이 다녀요.
키 차이가 나서 다른 식물을 먹거든요.
서로 맛있는 잎을 먹겠다고 싸울 일은 없겠죠?

## 무늬가 있는 공룡들

공룡의 피부에 대하여 알고 있나요?

### ▼ 흔적
6천 7백만 년 전의 하드로사우루스의 피부 조직이 미라처럼 보존되어 있어요. 공룡의 피부를 덮고 있는 비늘은 크기가 다양하지만 정확히 알 수 있을 때까지 예술가들의 상상력이 필요해요.

### ▼ 위장
폴라칸투스처럼 육중한 공룡에게도 무늬가 있어서 덤불 속에서 웅크리고 있으면 포식자의 눈을 피할 수 있어요.

### ▶ 깃털
화석을 보면 신타르수스에게는 열을 차단하거나 과시할 목적으로 깃털이 있었어요.

---

디크레오사우루스는 디플로도쿠스와 같은 부류로 채찍 같은 꼬리를 무기로 사용해요.

- 이름의 뜻 : 등이 갈라진 도마뱀
- 키 : 3.7미터
- 몸길이 : 20미터
- 분류 : 디플로도쿠스과
- 살았던 때 : 쥐라기 후기
- 몸무게 : 5,400킬로그램(약 6톤)
- 살았던 곳 : 탄자니아
- 먹이 : 식물

디크레오사우루스는 수영을 못 하지만 물을 마시고, 몸을 식히고, 포식자를 피하기 위해 강을 휘젓고 다녀요.

# 거대한 공룡 사파리 보고서

배로 돌아와서 첫째 날 찍었던 사진을 살펴봤어요. 기가노토사우루스는 사진만 봐도 소름이 돋아요. 날카로운 이빨을 가진 거대한 포식자보다 더 무서운 게 어디 있겠어요? 이런 공룡을 몇 발자국 앞에서 마주쳤지 뭐예요.

지금도 고생물 학자들은 누가 가장 큰 공룡인지 알아내려고 연구해요. 하지만 새로운 화석이 계속 발견되기 때문에 최종적으로 결정할 수 없어요. 어떤 과학자들은 아르젠티노사우루스가 가장 큰 공룡이라고 생각하고, 어떤 과학자들은 암피코엘리아스나 브루하트카요사우루스가 더 크다고 주장해요.(아래 그림) 언젠가 더 커다란 공룡 화석이 발견될지도 몰라요!

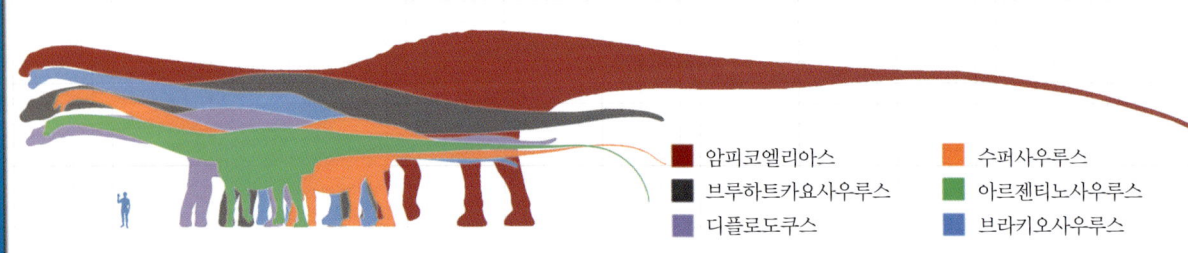

사파리 여행지에서 만난 공룡들은 원래 서로 다른 두 시대에 살았어요.

## 쥐라기 2억~1억 5천만 년 전

스테고사우루스
디크레오사우루스
브라키오사우루스
아파토사우루스
디플로도쿠스

## 백악기 1억 5천만~6천 5백만 년 전

기가노토사우루스
케라토사우루스
파라사우롤로푸스
스피노사우루스
트리케라톱스
아르젠티노사우루스

둘째 날

# 하늘을 나는 공룡

## FLYING MONSTERS

오늘 우리의 임무는 다른 섬에 살고 있는 날아다니는 공룡의 사진을 찍는 거예요. 보통 새보다 훨씬 큰 공룡을 따라 하늘을 날 준비가 되었나요?

# 하늘을 나는 공룡

지도는 탐험을 떠나기 전에 꼭 확인해야 해요.

# 찾아야 할 공룡

◀ **프테라노돈**은 물고기를 잡으러 바다로 날아가요.

◀ **유디모르포돈**은 바닷가에서 뒤뚱뒤뚱 걸으면서 물고기를 실컷 먹어요.

▶ **닉토사우루스**도 물고기를 먹어요. 하지만 강가에서 볼 수 있답니다.

▲ **시조새**를 찾으려면 숲이 우거진 곳으로 가야 해요.

◀ **케찰코아툴루스**는 아주 크기 때문에 어느 곳이나 날아갈 수 있어요. 하지만 넓은 들에서 살짝 보는 것이 좋아요.

39

# 하늘을 나는 공룡 사파리

익룡(날개 달린 도마뱀)에게 가까이 가려면 날개가 필요해요. 뚜껑이 열린 작은 비행기를 타고 여행을 떠나 볼까요?

예측할 수 없는 기류는 익룡처럼 위험하기 때문에 산이 많은 섬 주위를 조심조심 날아야 해요.

거대한 익룡과 나란히 날고 있어요. 날개는 전투기 날개만큼 크고, 입도 우리를 통째로 삼킬 만큼 커요.

## 사파리 여행의 필수품

### 보호장비
헬멧은 반드시 필요해요. 땅에서 익룡을 따라갈 때를 대비해서 날카로운 발톱에 찢기지 않는 옷도 입어야 해요.

### 비디오카메라
조종석에 비디오카메라를 설치하면 공중에서 익룡을 촬영할 수 있어요.

### 디노패드
전자책 리더에는 멋진 익룡을 포함하여 원시 시대 동물들에 대한 모든 정보가 들어 있어요.

# 날아다니며 물고기를 잡는 익룡

섬에 거의 도착했는데 갑자기 뭔가 다가왔어요. 부리 달린 익룡 세 마리가 비행기 주위를 맴돌아요. 익룡들의 으스스한 세계로 데려가려나 봐요. 머리 모양이 특이한 프테라노돈의 커다란 날개가 퍼덕거릴 때마다 비행기가 휘청거려요. 얼른 아래로 내려가 피해야겠어요.

프테라노돈의 커다란 날개는 뼈와 근육이 지지하고 가죽 같은 막이 감싸고 있어요.

프테라노돈의 날개는 무려 9미터나 돼요. 우리 비행기의 날개 너비와 같아요.

프테라노돈에게는 기다란 볏이 있어요. 하늘을 날 때 방향을 잡아 주거나 길고 무거운 턱과 균형을 맞추지요.

프테라노돈의 머리는 몸보다 길어요. 길고 이빨이 없는 입은 물고기를 잡기에 딱이죠.

## 실제와 영화

▼ **부리** : 영화에서 보는 것과는 다르게 실제로 프테라노돈은 이빨이 없어요. 하지만 프테라노돈이 우리를 물고기로 착각한다면, 1.2미터 크기의 입으로 단번에 삼킬 수 있어요.

▶ **발톱** : 영화에서 프테라노돈이 발톱으로 사람을 잡고 날아가는 건 지어낸 거예요. 발톱이 그렇게 강하진 않아요.

프테라노돈은 〈쥐라기 공원 3〉에 등장했어요.

이름의 뜻 : 날개는 있지만 이빨은 없음
날개 너비 : 9미터
분류 : 프테라노돈과
살았던 때 : 백악기 후기
몸무게 : 9~14킬로그램
살았던 곳 : 북아메리카
먹이 : 물고기

▲ **볏** : 프테라노돈은 영화에서 항상 긴 볏을 달고 등장해요. 하지만 화석을 보면 볏의 크기와 모양은 다양해요.

# 작은 공룡들

아래로 내려가니 프테라노돈과는 멀어졌지만 와글거리는 곤충들이 있어요. 이걸 어쩌죠? 곤충들은 갈매기만 한 아누로그나투스가 좋아하는 먹이에요. 아누로그나투스가 머리 위에서 퍼덕거려서 앞이 보이질 않아요. 머리에 안전모를 썼지만, 아누로그나투스가 목을 꼬집네요. 앞을 볼 수 없으니 착륙만이 살길이에요.

아누로그나투스는 깃털로 덮여 있어서 체온이 일정해요.

아누로그나투스의 꼬리는 짧아서 딱정벌레나 파리 같은 곤충을 잡을 때 방해가 되지 않아요.

아누로그나투스는 날아다니면서 강한 주둥이로 곤충을 잡아먹어요.

이름의 뜻 : 꼬리 없는 턱
날개 너비 : 50센티미터
분류 : 아누로그나투스과
살았던 때 : 쥐라기 후기
몸무게 : 80~160그램
살았던 곳 : 유럽
먹이 : 곤충

## 작지만 무서운 익룡

▼ **아누로그나투스**는 람포린쿠스류가 진화해서 생긴 최초의 익룡에 속해요. 이들은 대부분 작아요. 공룡 머리 위에서 윙윙거리는 곤충들을 먹고 살지요.

▶ **제홀롭테루스**는 공룡의 피를 빨아먹었대요. 흡혈귀처럼 피부를 뚫을 수 있는 송곳니가 두 개 있어요. 입은 넓게 벌어지고 손은 무엇이든 쥘 수 있어요.

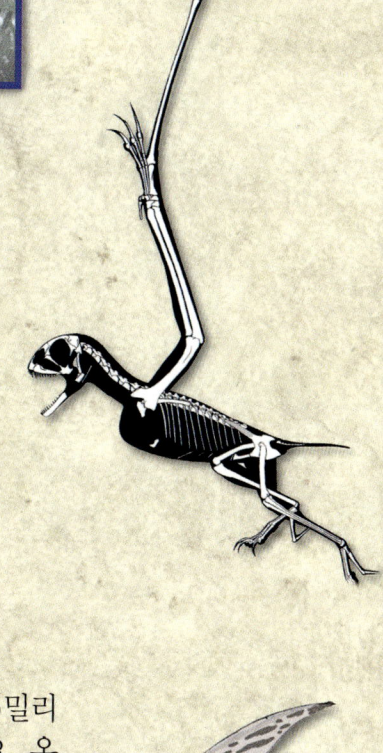

▼ **소르데스**는 온몸에 6밀리미터 길이의 털이 있어요. 온혈 동물이라 체온을 유지하려면 털이 필요했나 봐요.

아누로그나투스의 입은 개구리 입처럼 생겨서 곤충을 쉽게 잡아채서 먹을 수 있어요.

# 날갯짓을 하는 익룡

울퉁불퉁한 땅에 착륙했어요. 비행기를 강가에 세워 놓고 카메라를 들고 나왔어요. 멋진 익룡 무리를 찍을 준비 완료! 유디모르포돈 무리가 물고기를 잡아채고 있어요. 날아다니는 솜씨가 기가 막혀요! 그런데 땅에서는 뒤뚱거리며 힘겹게 걸어요. 퍼덕퍼덕! 꽥꽥! 갑자기 당황하네요. 무엇 때문에 놀란 걸까요?

유디모르포돈에게는 100개 이상의 이빨이 있어요. 앞에 있는 송곳니는 미끄러운 물고기를 잡는 데 제격이지요.

유디모르포돈 같은 람포린쿠스류는 땅에서 잘 걷지 못해요. 커다란 날개는 땅에 끌리고 긴 꼬리는 거추장스러워요.

뻣뻣한 꼬리는 날아다닐 때 방향을 조정해 줘요.

다리가 튼튼해서 세게 떨어져 착륙해도 문제가 없어요.

## 하늘을 정복한 익룡들

초기 익룡들은 행글라이더처럼 날았어요. 유디모르포돈이 처음으로 날갯짓을 익혔어요.

유디모르포돈은 최초의 익룡 중 하나예요.

이름의 뜻 : 진짜 두 가지 모양의 이빨
날개 너비 : 1미터
분류 : 캄필로그나투스과
살았던 때 : 트라이아스기 후기
몸무게 : 1킬로그램
살았던 곳 : 유럽
먹이 : 물고기

▶ 어떤 익룡들은 발을 이용해서 나무에 매달리고 나뭇가지나 절벽에서 뛰어올라요.

▶ 익룡들은 박쥐와 비슷하지만 날개를 잘 조정해서 더 안정적으로 날아요.

◀ 익룡들은 대부분 물고기를 먹고 살아요. 물속으로 다이빙해서 물고기를 물어 올리지만 물에 빠지는 일은 절대 없어요.

# 볏이 달린 익룡

유디모르포돈 무리가 황급히 흩어졌어요. 위풍당당한 공룡인 닉토사우루스가 나타났기 때문이죠. 요트의 돛만 한 커다란 볏이 왜 있을까요? 아마도 상대방에게 무섭게 보이고 싶었던 것 같아요. 이제 강에 사는 물고기를 잡아먹을 거예요.

날개 너비가 3미터인 닉토사우루스는 시속 35킬로미터의 속도로 물 위를 낮게 날아요.

볏 안에 있는 뼈의 길이는 해골 길이의 세 배나 돼요.

닉토사우루스는 움켜쥘 수 있는 발톱이 없어요. 그래서 나무 위에 앉거나 절벽에 매달릴 수 없어요.

## 커다란 볏

닉토사우루스의 볏은 날개만큼 길어요.

이름의 뜻 : 밤 도마뱀
날개 너비 : 3미터
분류 : 닉토사우루스과
살았던 때 : 백악기 후기
몸무게 : 5~10킬로그램
살았던 곳 : 북아메리카와 남아메리카
먹이 : 물고기

▶ 볏의 뼈를 둘러싼 막이 있었다는 증거는 없어요. 막이 없으니 이런 모양이었겠죠? 볏이 없는 닉토사우루스도 있었대요.

▼ **탈라소드로메우스**(바다 경주자)의 볏은 머리 길이(1.4미터)의 3/4을 차지해요. 볏은 물고기를 찾으러 물을 스치듯 날 때 태양전지나 자동차 냉각기처럼 체온을 조절하죠.

주둥이 끝이 뾰족해서 물고기를 꽂기 쉬워요.

▼ **프테라노돈**의 볏은 딱딱한 뼈로 되어 있어요. 아주 단단하기 때문에 고개를 한쪽으로 돌리면 속도를 줄여 줘요.

# 바늘처럼 뾰족한 이빨

귀가 따갑도록 꽥꽥거리는 소리가 들려요. 돌아보니 닉토사우루스보다 두 배나 큰 케아라닥틸루스가 있어요! 케아라닥틸루스가 강으로 돌진할 때는 납작 엎드려야 해요. 무서워서 손이 떨리지만 카메라 촬영은 잊으면 안 돼요. 바늘 같은 이빨과 악어 같은 입을 찍을 수 있는 기회거든요. 어쩌죠? 우리 쪽으로 와요. 숨을 만한 곳을 향해 전속력으로 달려요!

다른 익룡들처럼 알을 낳아요.

케아라닥틸루스의 날개 너비는 우리 키의 세 배도 넘어요.

케아라닥틸루스의 입은 악어 입처럼 길기 때문에 물고기를 잡아먹었다는 것을 알 수 있어요.

이름의 뜻 : 세아라(브라질의 주)의 손가락
날개 너비 : 6미터
분류 : 오르니토케이루스과
살았던 때 : 백악기 중기
몸무게 : 14~18킬로그램
살았던 곳 : 남아메리카
먹이 : 물고기

## 분쇄기와 체

▼ **듕가리프테루스**의 부리는 가늘고 살짝 위로 향하고 있어서 조개를 열기 쉬워요. 이빨이 아닌 뼈로 된 혹으로 조개와 뼈를 부숴요.

제일 큰 익룡도 오늘날의 제일 큰 새보다 무겁지 않아요. 뼛속이 비어 있고 뼈의 두께도 1밀리미터밖에 안 되거든요.

▼ **프테로다우스트로**는 홍학처럼 생겼어요. 커다란 부리로 먹이를 떠내고 걸러 내지요. 아래턱의 털 같은 이빨이 체 역할을 해요.

커다란 앞니로 물고기를 잡아요. 작은 이빨들이 맞물리면 물고기가 절대로 빠져나가지 못해요.

# 최초의 새

숲 속의 안전한 곳에 이를 때까지 계속 달렸더니 나무들 사이에서 바스락거리는 소리가 들려요. 칠면조처럼 생긴 새가 파닥이며 내려왔어요. 맙소사! 최초의 새인 시조새를 본 거죠. 믿을 수가 없어요. 시조새를 따라가야겠어요.

날개를 움직이는 근육이 약해서 익룡처럼 날 수 없어요. 짧은 거리를 파닥거리거나 땅에서 걷고 나뭇가지 위에 앉아서 곤충을 잡아먹어요.

시조새는 요즘의 새와 마찬가지로 날개와 깃털이 있어요. 최초의 새라고 알려져 있지요.

공룡의 특징(길고, 뻣뻣하고, 뼈가 있는 꼬리, 발톱이 세 개인 앞발, 날카로운 이)이 있으니 익룡이 아닌 공룡에서 진화했다는 걸 알 수 있어요.

# 새인가요? 아니죠, 공룡이에요

▼ **콤프소그나투스**는 닭 크기의 새처럼 생겼지만 공룡이에요. 온몸에 깃털이 덮여 있었던 것 같아요. 깃털이 있는 공룡은 공룡새라고 불려요.

▶ **스칸소리옵테릭스**는 깃털이 달린 참새 크기의 공룡이에요. 나무에 살면서 기다란 세 번째 손가락으로 나무 구멍에서 곤충을 꺼내요.

▼ **코우딥테릭스**는 다른 공룡새들처럼 날지 못해요. 호수를 헤치며 걷거나 나뭇가지에 앉아 있었을 거예요.

시조새는 원시적인 새로 공룡에서 현대의 새로 진화하는 과정의 연결고리예요.

이름의 뜻 : 고대의 날개
날개 너비 : 50센티미터
분류 : 아르카이옵테릭스과
살았던 때 : 쥐라기 후기
몸무게 : 1킬로그램
살았던 곳 : 독일
먹이 : 곤충

# 글라이더처럼 나는 도마뱀

시조새를 따라 나무들 사이로 들어가는데, 갑자기 거친 날개가 얼굴을 스치고 지나가요. 채찍 같은 꼬리가 볼을 때려서 화끈거려요. 글라이더처럼 나는 도마뱀 코엘루로사우라부스네요. 몇 마리가 더 나타나 우리 주위에서 맴돌아요. 우리가 마음에 들지 않나 봐요. 숲을 빠져나가야 하는데 길을 잃었어요.

코엘루로사우라부스는 가장 오래된 날도마뱀이에요.

20개 이상의 속이 빈 뼈를 피부가 감싸고 있어서 날개가 거미줄 같아요. 땅에 내리면 날개를 접어요.

곤충을 잡으러 날아다닐 때는 기다란 꼬리가 균형을 잡아 줘요.

## 최초로 날았던 생물

▼ 최초로 날았던 생물은 메가네우라 같은 곤충이었어요. 앵무새 크기의 잠자리로 석탄기에 숲에서 붕붕 날아다녔어요.

코엘루로사우라부스는 처음으로 활공을 한 척추동물이에요.

이름의 뜻 : 속 빈 날도마뱀
길이 : 30센티미터
분류 : 코엘루로사우라부스과
살았던 때 : 페름기
몸무게 : 알려져 있지 않음
살았던 곳 : 마다가스카르, 독일, 영국
먹이 : 곤충

▼ 화석을 보면 메가네우라의 날개 너비가 75센티미터나 되는 걸 알 수 있어요. 과학자들은 곤충의 몸집이 석탄기에 더 커졌을 거래요. 공기 중에 산소가 더 많았기 때문이죠.

날렵하게 생긴 코엘루로사우라부스는 이 나무에서 저 나무로 몇 십 미터를 활공할 수 있어요.

# 펑크족 익룡

빈터에 도착했어요. 하늘을 올려다보니 눈부신 햇빛을 등지고 아주 큰 익룡이 날고 있어요. 타페자라예요! 아래로 구부러진 날카로운 부리로 우리 머리를 쫄 수도 있을 것 같아요. 머리에는 모히칸 족처럼 커다란 볏이 있어요. 비디오카메라를 찍는 손이 떨려요. 무슨 일이 일어날 것만 같은데 그만 길을 잃었어요.

타페자라의 큰 볏은 어디에 쓰이는지 지금까지 아무도 몰라요.

이름의 뜻 : 오래된 존재
날개 너비 : 3.6미터
분류 : 타페자라과
살았던 때 : 백악기
몸무게 : 36킬로그램
살았던 곳 : 남아메리카
먹이 : 물고기

날개 너비는 어른 키의 세 배(5미터) 가까이 되고, 머리만 1미터랍니다.

커다란 볏은 뼈와 막으로 만들어졌어요. 요트의 돛처럼 방향을 잡거나 멋있게 보이려는 거예요.

## 머리 볏과 부리 볏

▼ **트로페오그나투스** 같은 익룡은 부리 위에 볏이 있어요. 물고기를 잡으러 물을 스치듯 날 때 위 아래에 있는 볏으로 수면을 가르죠.

▼ **투푹수아라**의 볏 안에는 혈관이 많아서 기분에 따라 색이 변해요. 사람도 화가 나면 얼굴이 빨갛게 되잖아요.

◀ 화석을 보면 수컷 익룡만 화려한 볏이 있었고, 암컷에게는 볏이 없었어요.

타페자라는 강한 부리로 과일을 깨물고, 물고기를 잡고, 죽은 고기를 먹어요.

# 바닷가에 모여든 디모르포돈

숲 밖으로 나왔는데 강이 아니라 바다예요. 디모르포돈 무리가 모여서 시끄럽게 떠들어요. 디모르포돈들이 바위 위에서 오르내리는 멋진 장면들을 찍었어요. 어머나! 모래 안에 알이 몇 개 있어요. 하나가 껍질이 막 깨지려는데 비디오 화면이 꺼졌어요. 건전지를 교환하러 얼른 비행기로 돌아가야 해요.

산란기에는 짝에게 멋지게 보이려고 부리가 더 넓어진대요.

부리의 위아래로 뾰족한 이빨이 30~40개씩 있어요. 물고기를 잡기에 제격이죠.

손발에 발톱이 있어서 절벽에 쉽게 매달릴 수 있어요.

디모르포돈의 첫 번째 화석은 영국의 메리 애닝이 1828년에 발견했어요.

이름의 뜻 : 두 가지 모양의 이빨
날개 너비 : 1.3미터
분류 : 디모르포돈과
살았던 때 : 쥐라기
몸무게 : 2.3킬로그램
살았던 곳 : 유럽, 중앙아메리카
먹이 : 물고기, 곤충, 작은 척추동물과 썩은 고기

# 기어 다니는 장대높이뛰기 선수

과학자들은 디모르포돈이 두 다리로 걸었다고 생각하는데 사실이 아닌 것 같아요. 금방 넘어질 듯 불안하거든요.

▼ 다른 익룡들처럼 디모르포돈도 엎드려서 두 다리와 두 날개로 기었을 거예요.

▼ 날아오를 때 뒷다리로 밀고 날개를 지렛대처럼 사용했어요. 장대높이뛰기 선수가 장대로 몸을 밀어 올리는 것과 같아요.

디모르포돈처럼
물고기를 먹고 사는 새들은
절벽에 집을 짓고
모여 살았어요.
알은 거북이처럼
모래 속에 묻어 놓았지요.

# 날개 달린 뱀

강을 따라 비행기로 돌아왔어요. 카메라의 건전지를 바꾸자마자, 하늘이 갑자기 컴컴해졌어요. 먹구름인가 생각했는데 세상에서 가장 큰 익룡인 케찰코아틀루스예요! 얼른 비행기를 타고 함께 날아요. 그런데 비행기가 누구의 입속으로 들어가요!

케찰코아틀루스는 공기의 흐름을 이용하기 때문에 힘들이지 않고 날아요.

날개는 10.5미터나 되고 몸은 작고 가벼워서 7~10일 동안 시속 130킬로미터로 날 수 있어요.

## 하늘의 신

▼ 케찰코아툴루스는 하늘의 신 케찰코아틀(신화에 나오는 날개 달린 뱀)의 이름을 따서 부르게 되었어요. 아즈텍 사람들과 톨텍 사람들이 섬기던 신이래요.

목이 긴 케찰코아툴루스는 가장 큰 익룡이에요.

이름 : 멕시코의 신 케찰코아틀의 이름을 따서 부름
날개 너비 : 9미터
분류 : 아즈다르코과
살았던 때 : 백악기 후기
몸무게 : 91킬로그램
살았던 곳 : 북아메리카
먹이 : 물고기와 고기

▼ 케찰코아툴루스는 황새처럼 물고기만 먹은 게 아니라 썩은 고기나 벌레와 곤충을 먹었던 것 같아요. 작은 공룡도 잡아먹었을 거예요.

19,300킬로미터를 날아갈 수 있는데 지구의 반 바퀴나 되는 거리예요!

# 철새의 이동

재빨리 비행기를 돌려서 오르니토케이루스의 입에서 도망쳤어요. 그런데 우리가 철마다 이동하는 오르니토케이루스 무리의 한가운데에 있어요. 익룡이 날개를 퍼덕일 때마다 비행기가 흔들려요. 한 마리가 너무 가까이 다가와서 날개가 찢어졌어요. 익룡이 땅으로 떨어지고 있어요. 우리가 익룡들의 세상을 침략했나 봐요.

익룡의 허파는 공기주머니에 연결되어 있어요. 날개 속의 공기주머니가 날개 모양을 유지하고, 나는 동안 균형을 유지하지요.

부리 끝에 있는 '용골' 모양의 볏은 다양하게 사용해요. 조개를 깨서 열거나, 상대에게 겁을 주거나, 짝을 유혹하지요.

## 화석 퍼즐

▼ 뼈 화석 조각을 맞추어서 익룡을 완성하는 건 거의 불가능해요. 오르니토케이루스의 화석 조각이 많이 발견되어 과학자들이 40종류로 분류했지만 오르니토케이루스를 하나도 완성하지 못했어요!

어떤 화석을 보면 오르니토케이루스의 주둥이 끝에 둥근 볏이 있어요.

이름의 뜻 : 새의 손
날개 너비 : 3~6미터
분류 : 오르니토케이루스과
살았던 때 : 백악기 중기
몸무게 : 23~46킬로그램
살았던 곳 : 서부 유럽, 남아메리카
먹이 : 물고기

▼ 과학자들은 익룡이 6천 5백만 년 전에 멸종되었다고 하지만 어떤 사람들은 파푸아뉴기니에서 익룡 같은 날짐승을 보았대요. 로펜이라고 불리는데 살아 있는 화석인 셈이죠.

익룡의 날개는 약해요. 첫 공룡 새와 오늘날 새의 탄력 있는 깃털보다도 약했어요.

# 하늘을 나는 공룡 사파리 보고서

배로 돌아와서 우리를 도와주는 고생물 학자들을 만났어요. 우리가 찍어 온 비디오 중 케찰코아툴루스의 거대한 날개에서 눈을 떼지 못해요.

무서운 익룡이라고 해서 다 몸집이 큰 건 아니에요. 하지만 시간이 지난 후에도 머리 위에서 날던 아누로그나투스 무리를 떠올리면 등골이 오싹할 거예요.

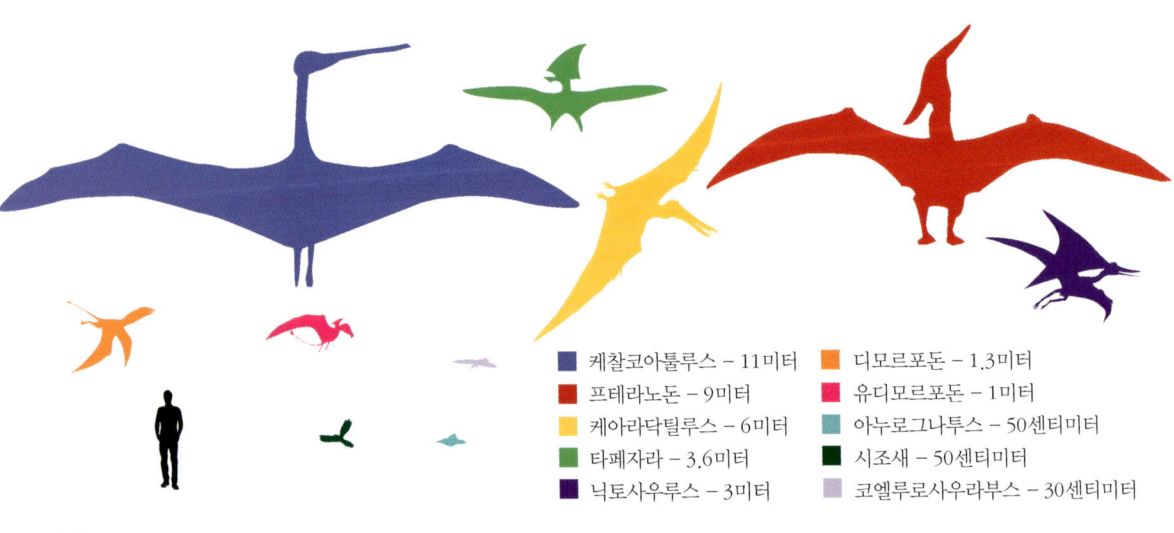

- 케찰코아툴루스 – 11미터
- 프테라노돈 – 9미터
- 케아라닥틸루스 – 6미터
- 타페자라 – 3.6미터
- 닉토사우루스 – 3미터
- 디모르포돈 – 1.3미터
- 유디모르포돈 – 1미터
- 아누로그나투스 – 50센티미터
- 시조새 – 50센티미터
- 코엘루로사우라부스 – 30센티미터

우리가 사파리 여행에서 만난 동물들은 실제로는 서로 다른 시대에 살았어요. 다음 도표에서 동물들이 살았던 시대를 알 수 있어요.

| 오늘날 |
|---|
| 제4기<br>1백 5십만 년 전 |
| 제3기<br>6천 5백만 년 전 |
| 백악기<br>1억 5천만 년 전 |
| 쥐라기<br>2억 5백만 년 전 |
| 트라이아스기<br>2억 5천만 년 전 |
| 페름기<br>2억 9천만 년 전 |
| 석탄기<br>3억 5천 5백만 년 전 |
| 데본기<br>4억 1천만 년 전 |
| 실루리아기<br>4억 4천만 년 전 |
| 오르도비스기<br>5억 1천만 년 전 |
| 캄브리아기<br>5억 7천만 년 전 |
| 선캄브리아기<br>46억 년 전 |

셋째 날

# 바다 공룡
## SEA MONSTERS

무시무시한 바닷속 세계를 여행할 준비가 되었나요? 오늘은 비밀이 가득한 공룡 섬 주위의 바다로 들어갈 거예요. 아주 먼 옛날 포식자들이 헤엄치고 있어요. 이제 우리는 원시 상어, 거대한 바다 전갈, 소름끼치는 파충류 같이 무서운 동물들의 사진을 찍어야 해요.

# 바다 공룡

지도는 탐험을 떠나기 전에 꼭 확인해야 해요.

# 찾아야 할 공룡

▶ **아르켈론**은 얕은 물에서 해파리를 잡아먹는 원시 거북이에요.

▼ **시팍티누스**는 무리를 지어 이동해요. 얕은 물에서 작은 물고기를 잡아먹지요.

▲ **플레시오사우루스**는 중간 깊이의 물에 숨어 있어요. 헤엄치기도 좋고 나와서 숨을 쉬기에도 좋은 깊이죠.

▲ **리오플레우로돈**은 가장 거대한 육식성 척추동물이고, 깊은 바닷속에서 살아요.

▼ **메갈로돈**은 몸집이 엄청나게 큰 상어로서 아주 깊은 물속에 살면서 고래도 잡아먹어요.

# 바다 공룡 사파리

스쿠버 장비를 이용해서 얕은 물속을 탐험하고, 더 깊고 위험한 지역을 돌아볼 때는 잠수함을 탈 거예요. 잠수함이 거대한 원시 상어와 육식성 파충류들의 공격에 맞설 수 있을 만큼 튼튼하다면 좋겠죠.

별명이 '공룡'인 공룡을 만날 거예요.
무시무시한 리오플레우로돈은
바다의 티라노사우루스 렉스예요!

## 사파리 여행의 필수품

### 스쿠버 장비
스쿠버다이빙 장비 중에는 상어방패도 있어요. 전자파로 상어를 쫓아내지요.

### 사진기
소형 수중 사진기는 스쿠버다이빙을 할 때 사용해요. 잠수함에도 비디오카메라가 설치되어 있어요.

### 디노패드
물이 들어가지 않도록 방수 처리가 된 전자책 리더는 매우 유용할 거예요. 바닷속 원시 생물에 대한 모든 정보가 담겨 있어요.

# 거대한 달팽이

스쿠버 장비를 점검한 다음 다이빙을 시작해요. 살아 있는 암모나이트를 발견했어요. 정말 놀라워요. 트랙터 바퀴처럼 커다란 게 우리 앞으로 다가오고 있어요! 무서워서 꼼짝도 못하겠어요. 다행히 옆으로 지나갔는데 촉수가 얼굴을 스쳤어요. 암모나이트는 무서운 녀석을 피해 도망가고 있어요.

암모나이트 껍데기는 소용돌이 모양이에요.
껍데기 바깥쪽의 커다란 방에 몸을 숨기는데
몸이 커지면 방 뒤쪽에 더 커다란 방을 새로 만들어요.

암모나이트 껍데기는 1센티미터에서 2미터까지
다양해요. 껍데기 안에는 촉수가 달린
암모나이트가 살아요.
어떤 껍데기는 우리 키의
두 배나 돼요.

암모나이트가 깔때기처럼 생긴
구멍에서 물을 내뿜으며
앞으로 나아가고 있어요.

# 흔적

화석은 암모나이트 같이 놀라운 원시 시대 생물이 살았다는 것을 보여 주는 증거예요.

▲ 암모나이트 화석은 해저에서 암모나이트가 죽고 썩어서 만들어져요. 껍데기의 모양을 보여 주는 홈은 아직 남아 있어요. 홈에 침전물이 쌓이고 그것이 굳어져서 화석이 돼요.

▶ 암모나이트 껍데기의 단면을 보면 안에 방들이 있어요. 방에서 바닷물을 뿜어내면 암모나이트가 물에 떠올랐다 가라앉았다 할 수 있어요.

암모나이트는 오늘날의 오징어나 낙지와 비슷해요.

이름의 뜻 : 숫양의 뿔이 달린
         고대 이집트의 신
         아몬의 이름을 땀
크기 : 지름 1센티미터 ~ 2미터
분류 : 두족류
살았던 때 : 트라이아스기에서
          백악기까지
살았던 지역 : 전 세계의
           백악기바위
먹이 : 플랑크톤
      (작은 식물과 동물)

▼ 지금도 살아 있는 앵무조개는 암모나이트의 가장 가까운 친척이래요.

## 무시무시한 거북이

자동차만 한 거북이 두 마리가 암모나이트를 쫓고 있어요. 아르켈론들이 정신없이 해파리를 뜯어먹더니 느리게 달아나는 암모나이트를 덥석 물었어요. 이제, 우리가 먹잇감이 될 차례군요! 상어방패를 준비했지만 서두르다가 그만 손에서 놓치고 말았어요.

아르켈론의 등껍질은 가볍고 지느러미발은 강해서 먼 바다까지 헤엄쳐서 갈 수 있어요.

오늘날의 장수거북처럼 아르켈론은 기를 쓰고 바닷가로 가서 모래 속에 알을 낳아요. 하지만 배고픈 공룡에게 발각되지 않으려고 밤에 알을 낳는답니다.

# 거북이 세계의 거인

오늘날의 거북이 등껍질은 딱딱하지만 아르켈론의 등껍질은 가죽 같아요.

◀ 거대한 아르켈론은 무엇이든 먹어요. 해파리, 오징어, 죽은 고기뿐 아니라 해초 같은 식물도 먹지요.

▶ 아르켈론은 부리의 넓은 면으로 폭 1.2미터의 커다란 조개껍질을 깨서 열 수 있어요.

▼ 1895년에 처음으로 아르켈론 화석(길이 3.4미터)이 발견되었고, 1970년에는 더 큰 화석(4미터)이 발견되었어요. 아르켈론은 세상에서 가장 큰 거북이로 기록되어 있어요.

아르켈론은 세상에서 가장 큰 바다거북이예요.

이름의 뜻 : 통치하는 거북
길이 : 약 4미터
분류 : 프로토스테가과
살았던 때 : 백악기 후기
몸무게 : 2,200킬로그램(2.2톤)
살았던 곳 : 미국
먹이 : 플랑크톤, 작은 바다 생물

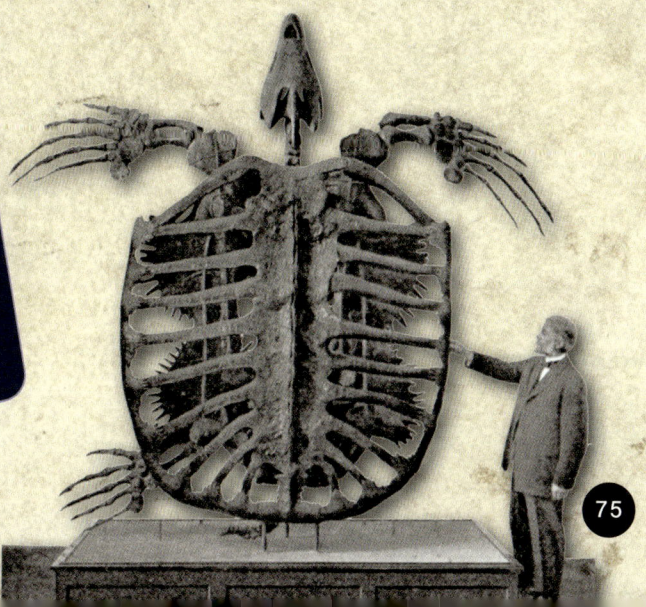

# 무시무시한 입

물거품이 일어나더니 갑자기 버스만 한 바다 도마뱀, 틸로사우루스가 나타났어요! 틸로사우루스가 코끝으로 아르켈론을 들이받아 정신을 잃게 한 후 입 속에 넣고는 뒷면을 찔러서 살을 먹네요. 잠시 후 틸로사우루스 무리가 나타나서 암모나이트들을 잡아채고 있어요. 사정없이 먹잇감에게 달려드는 모습이 너무 무서워서 잠수함으로 도망가야겠어요.

틸로사우루스의 이빨은 뾰족한 원뿔 모양이에요.
그 이빨로 먹이를 잡고, 찢고, 으스러뜨려요.
윗니는 두 줄로 되어 있어서 붙잡은 먹이를 놓치지 않아요.

모사사우루스는 암모나이트, 새, 거북이뿐 아니라 상어와 플레시오사우루스 같이 빠른 동물도 잡아먹어요.

## 헤엄치는 도마뱀

◀ 틸로사우루스는 '부푼 혹 도마뱀'이라는 뜻이에요. 코끝이 둥글기 때문이지요. 아주 빠르게 물살을 가르며 코로 공격을 해요.

다른 모사사우루스처럼 틸로사우루스의 몸은 도마뱀 비늘로 덮여 있어요.

틸로사우루스는 빠르게 헤엄치는 원시의 바다 도마뱀 모사사우루스과 중에서 가장 커요.

이름의 뜻 : 부푼 혹 도마뱀
길이 : 12미터
분류 : 모사사우루스과
살았던 때 : 백악기 후기
살았던 곳 : 미국
먹이 : 물고기, 암모나이트, 파충류

▲ 틸로사우루스의 강력한 꼬리는 납작해서 물을 차며 빠르게 헤엄칠 수 있어요. 빠른 속도로 기습 공격도 가능해요.

▼ 모사사우루스의 입은 뱀의 입과 비슷해요. 아주 넓게 벌려 먹이를 통째로 삼킬 수 있어요.

77

# 악마 같은 물고기

잠수함으로 가는 도중에 악마처럼 생긴 물고기 떼를 만났어요. 5미터나 되는 커다란 물고기가 전속력으로 작은 물고기들을 쫓고 있어요. 잠수함까지 가야 하는 우리를 제발 쳐다보지 않았으면 좋겠어요. 시팍티누스에게 물리면 다리를 잃을 수도 있거든요. 살금살금 잠수함으로 들어 왔어요. 어휴! 살았어요.

시팍티누스는 위장 무늬 덕분에 숨어 있다가 먹이를 공격할 수 있어요.

힘이 센 꼬리 덕분에 시속 60킬로미터로 빠르게 헤엄칠 수 있어요.

시팍티누스는 가장 사나운 물고기로 알려져 있어요.

이름의 뜻 : 칼 광선
길이 : 4.5~6미터
분류 : 이크티오덱테스과
살았던 때 : 백악기 후기
살았던 곳 : 북아메리카, 유럽, 오스트레일리아, 캐나다
먹이 : 물고기, 다른 해양 생물

## 무시무시한 턱

▶ 단단한 턱을 가진 물고기는 먹이를 덥석 물고 꼭 붙잡을 수 있어요. 시팍티누스는 송곳니가 있는 입으로 단번에 죽일 수 있어요.

▲ 던클레오스테우스는 이빨이 없는 대신 턱뼈가 날카롭게 자라 있고, 몸에는 보호판이 둘러싸고 있어요. 스테타칸투스 같은 원시 상어를 쉽게 공격하고 죽일 수도 있어요.

▲ 실러캔스는 시팍티누스처럼 백악기 후기에 멸종되었다고 알려졌는데 1938년에 살아 있는 실러캔스가 남아프리카에서 발견되었어요.

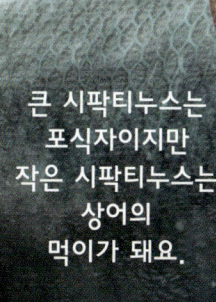

큰 시팍티누스는 포식자이지만 작은 시팍티누스는 상어의 먹이가 돼요.

# 네스 호의 공룡

잠수함으로 무사히 돌아왔어요. 얼핏 보니 목이 긴 놈이 보여요. 쫓아가야겠어요. 플레시오사우루스가 물개처럼 수영을 하고 있어요. 꽉 다문 입 안에 물고기가 갇혀 있는 모습을 비디오카메라로 찍었어요. 가끔 물 위로 머리를 내밀어 숨을 쉬네요. 사진을 몇 장 더 찍은 후에 잠수함을 타고 더 깊이 내려가 '공룡'을 찾아볼 거예요.

플레시오사우루스는 어룡과 함께 쥐라기 바다에서 가장 번성했던 수장룡이에요.

이름의 뜻 : 파충류에 가깝다
크기 : 3.5미터
분류 : 플레시오사우루스과
살았던 때 : 쥐라기 초기
살았던 지역 : 영국
먹이 : 물고기와 다른 해양 생물

처음에는 플레시오사우루스를 '거북이의 몸에 뱀이 꿰어 있는 것' 같다고 설명했어요. 목과 꼬리가 길기 때문이지요.

앞의 물갈퀴는 균형을 잡아줘요. 뒷지느러미로 밀면서 앞으로 나아가요.

## 네스 호의 플레시오사우루스?

▶ 어떤 사람들은 스코틀랜드의 네스 호에 플레시오사우루스를 닮은 공룡이 산다고 생각해요. 1934년에 찍은 이 사진은 조작된 것으로 밝혀졌어요.

▼ 다른 거짓말쟁이들은 호숫가에서 발자국이 발견되었다고 주장했어요. 사실은 하마발 모양의 우산꽂이 자국이었어요.

▼ 많은 사람들이 네스 호에서 공룡을 봤다고 말해요. 플레시오사우루스인 것 같다고 하지요. 목이 긴 동물이 숨을 쉬러 작은 머리를 물 위로 내민다는 거예요.

길고 날카로운 이빨이 서로 맞물리면 물고기가 갇혀서 꼼짝도 못해요.

# 순찰하는 상어

상어 두 마리가 가까이 다가오고 있어요. 잠수함의 엔진 속도를 줄여야 겠어요. 군침을 흘리는 입을 사진기로 찍었어요. 디노패드에서 찾아보니 스테타칸투스예요. 다림판 모양의 등지느러미가 있는 건 수컷이래요. 한 놈이 잠수함의 유리창에 머리를 '쿵' 부딪쳤어요. 이러다 유리가 산산조각 나겠어요.

스테타칸투스는 멀리 이동하지만 해마다 다시 돌아가 짝을 짓고 새끼를 낳아요.

상어는 지금도 살아 있어요. 4억 년 동안 살아오면서 멸종될 위기를 다섯 번 정도 겪었어요.

솔 같은 돌기들이 스테타칸투스의 머리와 등지느러미 위에 솟아 있어요. 그 돌기가 어디에 쓰이는지는 아무도 몰라요.

스테타칸투스는 작은 상어로서 수컷은 다림판처럼 생긴 등지느러미로 유명해요.

이름의 뜻 : 가시투성이 가슴
길이 : 70센티미터~2미터
분류 : 스테타칸투스과
살았던 때 : 데본기 후기~백악기
살았던 곳 : 유럽, 북아메리카
먹이 : 물고기와 다른 해양 생물

## 다림판 상어

▶ 스테타칸투스의 머리에 있는 짧은 돌기는 이빨처럼 보여서 다른 동물들을 겁주려는 거래요.

▲ 수컷들만 다림판 모양의 등지느러미를 가지고 있어요. 짝짓기를 할 적에 힘세고 강하게 보일 수 있으니까요.

▼ 원시 동물의 똥 화석을 보면 원시 상어가 무엇을 먹었는지 알 수 있어요. 스테타칸투스는 작은 물고기와 암모나이트를 먹었어요.

# 물고기 도마뱀

해저에 도착하니 칠흑 같이 깜깜해요. 여기저기에 불빛을 비추니 어룡 화석이 많아요. 그런데 살아 있네요. 15미터나 되는 쇼니사우루스는 가장 큰 어룡이에요. 사진을 찍느라 정신이 없어서 깜짝 놀랄 만한 것이 뒤에서 헤엄쳐 오는 것도 몰랐어요.

쇼니사우루스는 최초의 어룡이에요. 물고기처럼 생긴 어룡은 물에서 사는 파충류예요.

이름의 뜻 : 쇼쇼니 산의 도마뱀
길이 : 15미터
분류 : 쇼니사우루스과
살았던 때 : 트라이아스기 후기
몸무게 : 40,000킬로그램(40톤)
살았던 곳 : 미국, 캐나다
먹이 : 물고기와 다른 해양 생물

쇼니사우루스는 최초의 어룡이에요. 고래처럼 생겨서 빠르게 헤엄치지 못했을 거예요.

쇼니사우루스는 몸집이 크지만 오징어 모양의 벨렘나이트* 같은 작은 생물을 먹고 살아요.

*벨렘나이트 : 오징어와 비슷하게 생긴 화석 동물.

## 멋진 어룡

▶ 쇼니사우루스는 척추동물 중에서 눈이 가장 커요. 눈구멍의 지름이 1미터나 되고, 커다란 눈알은 눈 주변의 뼈가 보호해 주지요.

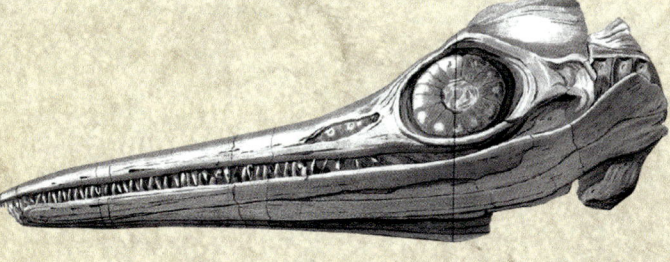

▲ 첫 어룡 화석(머리)은 빅토리아 시대의 소녀가 발견했어요. 12살이던 메리 애닝은 가난해서 화석을 팔아서 생활했는데 산사태로 죽을 뻔한 적도 있었다고 해요.

어룡은 아가미가 없어서 숨을 쉬려면 수면 위로 올라가요.

▼ 이 화석을 보면 어룡의 물갈퀴가 노처럼 생겼다는 것을 알 수 있어요.

# '공룡'이라 불리는 사경룡

잠수함이 흔들려요. 조종 장치를 꼭 잡고 있는데, 거대한 사경룡*이 잠수함을 밀었어요. 가슴이 철렁 내려앉네요. 잠시 후에 사나운 이빨로 어룡의 살을 물어뜯어요. 우리가 이제껏 찾아 헤매던 '공룡' 리오플레우로돈이에요! 드디어 아주 귀한 장면을 사진기에 담을 수 있게 되었어요.

*사경룡 : 목이 뱀과 닮았다고 하여 사경룡 또는 목이 길다고 하여 수장룡이라고 불린다.

범고래 두 배만 한 리오플레우로돈은 가장 큰 육식성 척추동물이에요.

이빨이 오이만 해요. 티라노사우루스 렉스의 이와 비슷하지요. 뿌리가 깊어서 아주 세게 물 수 있어요.

3미터나 되는 지느러미로 물속에서 미끄러지듯 헤엄쳐요.

## 바다의 폭군

▼ **리오플레우로돈**과 티라노사우루스 렉스 둘 다 거대한 포식자로 알려져 있지만, 리오플레우로돈의 몸이 티렉스*보다 두 배 가까이 길어요.

*티렉스 : 티라노사우루스 렉스의 줄임말.

리오플레우로돈은 커다란 해양 파충류이고 가장 큰 사경룡이죠.

이름의 뜻 : 매끄러운 이빨
길이 : 25미터
분류 : 플리오사우루스과
살았던 때 : 쥐라기 중기
살았던 곳 : 유럽, 러시아
먹이 : 물고기와 다른 해양 생물

▼ 사경룡은 지느러미를 노처럼 위아래로 움직여서 물살을 헤치며 빨리 나아가요. 뒷지느러미를 움직이면 시속 10킬로미터로 헤엄칠 수 있어요.

▼ 사경룡은 돌을 삼켜서 먹이를 갈아 으깨고 무게 중심을 아래로 향하게 하지요. 아랫배의 돌은 균형을 유지해 줘요.

# 무시무시한 전갈

잠수함이 산호초에 부딪치는 바람에 크게 요동치다 멈췄어요. 무언가가 모터에 걸렸어요! 문제를 해결하러 밖으로 나가야 해요. 곤충처럼 생긴 생물이 우리 쪽으로 살며시 기어오고 있어요. 펜치 같은 집게발이 움직이네요. 크기가 2미터 이상 되는 바다 전갈 프테리고투스예요. 갑자기 허둥지둥 헤엄쳐 도망가네요. 무엇 때문에 그렇게 놀란 걸까요?

프테리고투스에게는 두 쌍의 눈이 있어요. 머리 위에는 위쪽을 향하는 작은 눈이, 앞에는 큰 눈이 있지요.

프테리고투스는 넓은 지느러미 두 개로 노를 젓듯 헤엄쳐요.

프테리고투스는 모래 속에 숨어 있다가 먹잇감을 덮치기도 해요.

## 깊은 바닷속 무서운 동물들

▼ 커다란 오징어처럼 생긴 오소콘은 11미터까지 자라고 바다 전갈과 물고기를 먹고 살아요. 촉수로 가장 큰 바다 전갈을 잡아서 입에 넣을 수 있어요.

프테리고투스는 두 번째로 큰 바다 전갈이에요. 실루리아기와 데본기에 바다에서 제일가는 포식자였어요.

이름의 뜻 : 날개 동물 또는 지느러미 하나
크기 : 2.3미터
분류 : 프테리고투스과
살았던 때 : 실루리아기 후기~ 데본기 초기
살았던 곳 : 남극 대륙을 제외한 모든 대륙
먹이 : 물고기, 삼엽충, 다른 해양 동물

▼ 삼엽충은 쥐며느리처럼 바다에서 종종걸음을 쳐요. 뒤집혀진 상태로 수영도 하지요. 딱딱한 갑옷으로 몸을 보호하고, 위험하게 보이도록 가시가 있는 것도 있어요.

▼ 가장 큰 바다 전갈은 야이켈롭테루스 레나니아이예요. 몸길이가 2.5미터나 되기 때문에 가까이 다가가고 싶진 않아요!

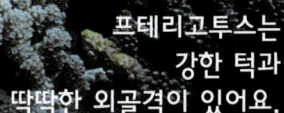

프테리고투스는 강한 턱과 딱딱한 외골격이 있어요.

# 공포의 상어

엄청 큰 동물 두 마리가 잠수함 옆을 지나가고 있어요. 커다란 원시 상어가 어마어마하게 큰 고래 뒤를 쫓고 있군요. 우리는 간신히 잠수함 안으로 들어왔어요. 두 마리를 촬영해야 하니까요. 상어가 고래의 지느러미를 물자 격렬한 싸움이 벌어졌어요. 갑자기 50톤이나 되는 상어가 잠수함에 부딪치는 바람에 우리는 자리에서 튕겨 나갔어요. 유리에 금이 가고 물이 흘러들어 오기 시작해요.

메갈로돈은 사람의 키만큼 넓게 입을 벌려요.

메갈로돈은 고래가 숨을 쉬러 수면 위로 올라가기를 기다렸다가 아래쪽에서 공격해요. 도망갈 곳이 없는 고래는 꼼짝없이 당하지요.

메갈로돈은 오늘날의 백상어보다 두세 배나 커요. 2천 5백만 년 전부터 160만 년 전까지 바다에서 제일 강한 포식자였기 때문에 아무도 메갈로돈을 공격하지 못했어요.

## 아주 많은 이빨

▶ **메갈로돈**의 이빨은 상상 외로 많아요. 276개랍니다! 세 줄에서 다섯 줄로 늘어선 이빨 중에서 맨 앞 줄은 먹이를 잡는 데 사용하고 다른 이빨은 앞니가 빠질 때 그 역할을 대신해요.

메갈로돈은 가장 큰 상어예요. 물고기 중에서도 가장 크고 가장 세게 물 수 있어요.

- 이름의 뜻 : 거대한 이빨
- 길이 : 16미터
- 분류 : 악상어목 또는 오토두스과
- 살았던 때 : 제3기
- 몸무게 : 최고 50,000킬로그램 (50톤)
- 살았던 곳 : 북아메리카, 남아메리카, 유럽, 오스트레일리아, 뉴질랜드, 일본, 아프리카, 인도
- 먹이 : 고래를 비롯한 커다란 해양 생물

▼ 2억 9천만 년 전에 살았던 헬리코프리온의 이빨은 소용돌이 모양으로 나 있어요. 이빨이 어디에 나 있는지 정확히 알 수는 없지만, 아마도 아래턱에 있었을 거예요. 먹이를 잘 잘랐거든요.

▶ 가장 큰 이빨 화석은 1천 2~3백만 년 전에 살았던 고래(리비아탄 멜빌레이)의 이빨이에요. 길이가 무려 36센티미터나 돼요.

# 뱀의 목

잠수함 안으로 들어온 물이 허리까지 찼어요. 잠수함을 잘 조종해서 우리를 기다리고 있는 배로 돌아가야 해요. 돌아가는 길에 마지막으로 놀랄 만한 것을 촬영했어요. 바닷가에 사는 멋진 파충류인 타니스트로페우스를 만났거든요! 타니스트로페우스가 물고기를 잡으려고 고개를 휙 돌려서 깜짝 놀랐어요.

타니스트로페우스는 얕은 물에서 걷다가 낚싯줄처럼 목을 길게 늘여서 물고기나 암모나이트를 잡아요.

긴 목은 유연하지 않지만 정말 길어요. 무려 3미터나 돼요!

## 놀라운 몸의 구조

타니스트로페우스는 해변에서 사는 파충류로서 뱀, 도마뱀, 악어의 친척이에요.

이름의 뜻 : 긴 목뼈
길이 : 6미터
분류 : 타니스트로페우스과
살았던 때 : 트라이아스기 중기에서 후기
살았던 곳 : 유럽, 중동, 중국
먹이 : 물고기, 다른 해양 생물, 곤충

▶ 타니스트로페우스의 꼬리는 포식자에게 잡히면 잘라낼 수 있어요. 도망갈 수 있는 좋은 방법이지요. 꼬리는 다시 자랄 거예요.

▲ 타니스트로페우스의 이빨은 나이에 따라 변해요. 어릴 적의 이빨은 곤충을 먹는 데 알맞고, 다 자라면 이빨이 서로 맞물려서 물고기를 먹기 좋아요.

▶ 목 길이는 몸과 비율이 전혀 맞지 않아요. 그래서 몸의 균형을 잡아 주는 엉덩이 아래 근육이 발달되어 있어요.

뒷다리 근육이 단단해서 상체를 뒤로 젖히고 머리를 위로 뻗을 수 있어요.

# 바다 공룡 사파리 보고서

배로 돌아와서 중요한 장면들을 검토하고 보고서를 썼어요. 바다 공룡 다큐멘터리를 만들고 싶은 과학자에게는 멋진 장면들이 많이 필요하죠. 하지만 리오플레우로돈이 잠수함을 들이받았던 것을 떠올리면 아직도 등골이 오싹해요.

바닷속으로 들어가 바다 동물을 보고 가장 놀라웠던 건 어마어마하게 크다는 거였어요. 트랙터 바퀴만 한 조개, 자동차만 한 거북이, 우리 팔만 한 이빨을 가진 상어 등이죠.

- 메갈로돈 – 16미터
- 쇼니사우루스 – 15미터
- 틸로사우루스 – 12미터
- 타니스트로페우스 – 6미터
- 시팍티누스 – 5~6미터
- 리오플레우로돈 – 25미터
- 아르켈론 – 4미터
- 플레시오사우루스 – 3.5미터
- 스테타칸투스 – 2미터
- 프테리고투스 – 2.3미터
- 암모나이트 – 지름 1센티미터~2미터

우리가 만난 생물들을 연대표 위에 적어 넣었어요. 거의 4억 년에 걸쳐서 서로 다른 시대에 살았던 것을 알 수 있어요.

| 오늘날 |
|---|
| 제4기<br>1백 5십만 년 전 |
| 제3기<br>6천 5백만 년 전 |
| 백악기<br>1억 5천만 년 전 |
| 쥐라기<br>2억 5백만 년 전 |
| 트라이아스기<br>2억 5천만 년 전 |
| 페름기<br>2억 9천만 년 전 |
| 석탄기<br>3억 5천 5백만 년 전 |
| 데본기<br>4억 1천만 년 전 |
| 실루리아기<br>4억 4천만 년 전 |
| 오르도비스기<br>5억 1천만 년 전 |
| 캄브리아기<br>5억 7천만 년 전 |
| 선캄브리아기<br>46억 년 전 |

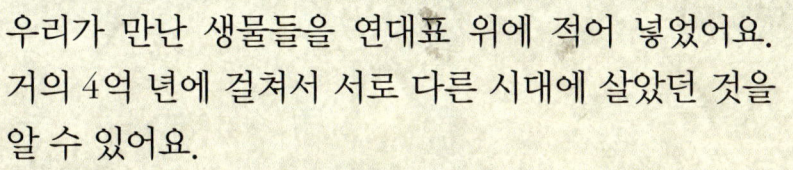
메갈로돈

암모나이트

플레시오사우루스

아르켈론

시팍티누스

리오플레우로돈

타니스트로페우스

쇼니사우루스

틸로사우루스

스테타칸투스

프테리고투스

넷째 날

# 포식 공룡
## KILLER DINOSAURS

공룡 대탐험 여행의 마지막 이틀 동안은 비밀의 섬에 사는 가장 흉악하고 무시무시한 포식자를 찾으러 갈 거예요. 굶주린 야수들을 촬영하기 위해 가까이 다가가려면 정말 소름 끼치고 위험할 테니 단단히 준비하는 게 좋아요.

# 포식 공룡

지도는 탐험을 떠나기 전에 꼭 확인해야 해요.

# 찾아야 할 공룡

**▲ 트로오돈**
작고 영리하기로 소문난 공룡으로서 넓은 들에서 무리를 지어 사냥해요.

**◀ 티라노사우루스 렉스**
이 무시무시한 포식자는 재빠르게 달려가서 초식 동물들을 잡아먹어요.

**◀ 데이노니쿠스**
수풀이 우거진 곳에서 사냥하는 무리를 찾아요.

**▲ 딜로포사우루스**
성질이 사나우며 초원에서 먹잇감을 찾아요.

**◀ 알베르토사우루스**
티렉스보다 작지만 사납기는 비슷하며, 호수에 사는 초식 동물을 잡아먹어요.

## 포식자를 찾아 떠나는 탐험

섬에 도착한 후 앞바다에 배를 정박시켰어요. 무서운 공룡들에게서 빨리 도망쳐야 하기 때문에 산악오토바이를 가져왔어요. 산악오토바이는 비탈길을 내려가고, 얕은 물을 가르며, 바위투성이 해변을 달릴 수 있어요.

풀이 우거진 곳으로 가니 울부짖는 아파토사우루스의 모습에 숨이 막힐 것 같아요.

곧 티라노사우루스 렉스 같은 무서운 공룡을 만나게 될 거예요. 머리가 우리 키만 해요. 무시무시한 커다란 이빨로 우리를 씹을 수도 있어요!

## 사파리 여행 필수품

### 뼈
미끼용으로 뼈가 필요한 건 아니에요. 배고픈 공룡들은 우리를 냄새로 알아채거든요. 하지만 공룡이 공격해 올 때 맛있는 뼈로 헷갈리게 하면 도망갈 시간을 벌 수 있어요.

### 비디오카메라
공룡의 사진도 찍고 싸우는 모습도 담을 수 있어요.

### 디노패드
전자책 리더를 업데이트해 공룡의 최신 정보를 담았어요. 어떤 공룡을 가장 조심해야 하는지 알 수 있어요.

# 작지만 무서운 공룡

사파리로 들어온 지 5분 만에 포식자의 크기가 가지각색인 것이 생각났어요. 콤프소그나투스 무리가 빠르게 지나가요. 닭보다 약간 커요. 한 마리가 도마뱀을 잡아채서 먹으면서 달아나네요. 사진기를 가까스로 세워 놓았는데 마침 커다란 물체가 사진기에 나타났어요.

유연하고 긴 목을 늘여서 작고 뾰족한 이빨로 먹이를 물어요.

긴 꼬리는 달릴 때 균형을 유지해 줘요.

집게손가락으로 도마뱀이나 작은 포유동물을 꽉 잡고 베어 먹을 수 있어요.

콤프소그나투스는 가장 작은 공룡이에요.

이름의 뜻 : 예쁜 턱
키 : 0.7미터
몸길이 : 1.4미터
분류 : 콤프소그나투스과
살았던 때 : 백악기 후기
몸무게 : 3킬로그램
살았던 곳 : 프랑스, 독일
먹이 : 고기

# 작은 포식 공룡

작은 포식 공룡들은 다양한 사냥 기술을 사용해요.

▲ 시노르니토사우루스의 송곳니는 뱀의 송곳니처럼 홈이 패어 있어요.

육식성인 콤프소그나투스는 작은 먹잇감들을 찾아요.

▲ 아비미무스는 몸에 비해서 뇌가 크고 빨라요. 그래서 기습 공격을 계획할 수 있어요.

◀ 신타르수스는 무리를 지어 공격하기 때문에 더 큰 먹잇감을 쓰러뜨릴 수 있어요.

## 고기를 먹는 황소

거대한 공룡이 바로 눈앞에 나타났어요. 뿔이 달린 카르노타우루스예요. 코를 벌름거리더니 먹잇감이나 천적의 냄새를 맡았는지 으르렁거려요. 머리를 돌려서 우리를 노려봤어요. 하지만 옷이 우리의 냄새를 가려 주나 봐요. 다른 무언가의 냄새를 따라서 쿵쾅거리며 지나갔어요. 산악오토바이를 타고 멀리서 따라갈래요.

카르노타우루스의 작은 뿔은 수각룡이나 짝짓기 경쟁자와 박치기를 하며 싸울 때 이용해요.

이빨이 날카로워서 고기를 찢을 수 있지만 피부와 뼈를 씹기에는 턱이 약한 편이에요.

피부를 덮고 있는 조약돌 같은 비늘은 점차 커져서 가시처럼 돼요. 과학자들은 몸 전체의 피부가 울퉁불퉁하다고 생각해요.

카르노타우루스는 눈 위에 특이한 뿔이 달린 포식자예요.

이름의 뜻 : 고기를 먹는 황소
키 : 3미터
몸길이 : 7.5미터
분류 : 아벨리사우루스과
살았던 때 : 백악기 후기
몸무게 : 1,100킬로그램(1.1톤)
살았던 곳 : 아르헨티나
먹이 : 고기

## 냄새 추적하기

◀ 카르노타우루스의 머리를 보면 후각이 예민한 것을 알 수 있어요. 살아 있는 먹잇감을 따라갈 때 유용해요.

▼ 카르노타우루스와 티라노사우루스 같은 포식 공룡의 귀는 단순해요. 귓구멍으로 들어온 소리 진동이 신경에 전달되어 뇌에 이르러요.

포식자들 중에서 팔이 가장 짧아요.

◀ 다른 수각룡처럼 카르노타우루스의 눈도 앞쪽을 향해요. 두 눈으로 보아야 먹잇감과의 거리를 정확하게 판단할 수 있어요.

# 중량급 덩치

모퉁이를 돌아서자마자 카르노타우루스의 먹잇감과 마주쳤어요. 등이 뾰족뾰족한 스테고사우루스예요. 그런데 육식 동물 알로사우루스가 이미 와 있네요. 알로사우루스가 칼날 같은 이빨로 초식 동물의 약한 아랫배를 공격해요. 스테고사우루스는 꼬리를 휘둘러보지만 기력을 잃고 쓰러졌어요.

스테고사우루스에게는 가시가 있지만 배고픈 알로사우루스가 싫어할 리 없어요. 사실은 싸울 수 없는 병든 공룡이나 죽은 공룡을 더 좋아하지요.

알로사우루스의 볼은 늘어나기 때문에 커다란 덩어리도 물어뜯을 수 있어요.

우리 손가락 길이의 두 배나 되는 날카로운 이빨로 톱처럼 가죽과 고기를 잘라요.

후양고사우루스는 골판과 골침이 줄지어 나 있는 스테고사우루스류예요.

알로사우루스는 쥐라기 시대의 가장 강한 포식자였고, 천만년 동안 세상에서 제일 큰 육식 동물이었어요.

이름의 뜻 : 이상한 도마뱀
키 : 5미터
몸길이 : 12미터
분류 : 알로사우루스과
살았던 때 : 쥐라기 후기
몸무게 : 1,500킬로그램(1.5톤)
살았던 곳 : 북아메리카, 오스트레일리아, 탄자니아
먹이 : 고기

# 느림보

크고 무거운 포식자들은 얼마나 빨리 움직였을까요?

▶ 육중한 알로사우루스는 두 다리로 걸었어요. 빨리 달리면 넘어지곤 했기 때문에 가능하면 달리지 않았을 거예요.

▲ 스테고사우루스의 최고 속도는 시속 7킬로미터예요. 알로사우루스 같은 수각룡에게 잡힐 수밖에 없지요.

▲ 알로사우루스는 순식간에 빠른 속도로 사냥을 해요. 최고 속도는 시속 32킬로미터예요.

# 밤의 사냥꾼들

밤이 되자 우리는 적외선 사진기를 설치하고 기다렸어요. 갑자기 으르렁대고 다투는 소리가 들려요. 트로오돈 무리가 트리케라톱스 한 마리를 둘러싸고 있어요! 트로오돈이 낫 모양의 발톱과 톱니 모양의 이빨로 공격해요. 하지만 트리케라톱스도 거칠게 맞서고 있어요. 끝내 트리오돈 무리가 싸움을 포기하고 쉬운 상대를 찾아 떠났어요.

초식 동물인 트리케라톱스는 1미터나 되는 날카로운 뿔로 상대를 위협해요.

트로오돈은 몸에 비해 뇌가 커서 가장 영리한 공룡으로 유명해요.

## 어두워도 보일까요?

트로오돈은 날카로운 발톱을 사용해서 날렵하게 사냥해요.

이름의 뜻 : 구부러진 이빨
키 : 1미터
몸길이 : 2미터
분류 : 트로오돈과
살았던 때 : 백악기 후기
몸무게 : 45킬로그램
살았던 지역 : 미국
먹이 : 고기

트로오돈은 앞쪽을 향하는 커다란 눈이 있어서 거리를 쉽게 판단할 수 있어요. 밤눈도 밝은 것 같아요.

▶ 눈이 크면 밤눈이 밝아요. 키가 50센티미터인 드로마에오사우루스는 몸에 비해 큰 눈을 가지고 있어요.

▲ 과학자들은 화석의 눈 주변의 뼈를 측정하여 어둠 속에서도 시력이 좋았는지 가늠해요. 벨로키랍토르는 밤에 사냥을 하는 공룡이었던 것 같아요.

◀ 눈 화석을 보면 디플로도쿠스 같은 초식 동물은 밤에도 풀을 뜯었던 것 같아요. 거대한 몸을 유지하려면 오래 먹어야 했을 거예요.

## 무시무시한 폭군

이른 아침부터 으르렁대는 소리에 등골이 오싹해서 잠을 깼어요. 사진기를 들고 소리가 나는 쪽으로 산악오토바이를 타고 갔어요. 공룡 영화의 주인공인 티라노사우루스 렉스예요. 티라노사우루스 렉스가 강한 입으로 이구아노돈을 물고 흔들어요. '폭군 왕 도마뱀'의 날카로운 이빨에 피부가 찢어지고 있어요.

티라노사우루스의 이빨은 뼈를 으스러뜨릴 수 있어요. 긴 이빨은 23센티미터나 되지요.

팔을 크게 벌렸을 때 한 손가락 끝에서 다른 손가락 끝까지의 길이(1.4미터)가 티라노사우루스의 입의 길이예요.

# 포식자의 이빨

티라노사우루스의 팔은 너무 짧아서 입에 닿지 않아요. 하지만 먹이를 움켜잡거나 서서 몸의 균형을 잡을 때 유용해요.

▲ 기가노토사우루스의 이빨은 티라노사우루스 렉스의 이빨보다 작고 가늘지만 고기는 더 잘 잘라요.

▼ 아크로칸토사우루스는 길고 날카로운 이빨을 68개나 가지고 있어요. 수각룡의 이빨은 휘어진 톱니 모양이에요. 이빨은 계속 빠지고 새로 나요.

티라노사우루스 렉스는 가장 유명한 공룡이에요.

이름의 뜻 : 폭군 왕 도마뱀
키 : 6미터
몸길이 : 14미터
분류 : 티라노사우루스과
살았던 때 : 백악기 후기
몸무게 : 7,700킬로그램(7.7톤)
살았던 곳 : 북아메리카
먹이 : 고기

▶ 딜로포사우루스의 이빨은 죽은 동물을 먹기에 알맞아요. 약한 턱과 날카로운 이빨은 시체의 살점은 잘 뜯을 수 있지만 살아 있는 공룡을 찌르고 잡을 만한 힘은 없어요.

111

## 꼬리로 싸우는 공룡들

안킬로사우루스가 느릿느릿 나타났어요. 티렉스는 갑자기 새로운 적이 나타나서 당황한 것 같아요. 티렉스가 살짝 주저하는 사이에 안킬로사우루스가 단단한 꼬리를 티렉스의 머리 쪽으로 휘둘렀어요. 꼬리가 지나갈 때는 재빨리 몸을 숙여야 다치지 않아요.

안킬로사우루스의 꼬리 끝에 달린 곤봉에 맞지 않으려면 잘 피해야 해요.

안킬로사우루스의 등과 옆구리에는 두꺼운 갑옷이 있어서 티렉스는 안킬로사우루스를 뒤집으려 해요.

안킬로사우루스는 가장 두꺼운 갑옷을 입고 있어요.

이름의 뜻 : 연결된 도마뱀
키 : 1.2미터
몸길이 : 7미터
분류 : 안킬로사우루스과
살았던 때 : 백악기 후기
몸무게 : 4,400킬로그램(4.4톤)
살았던 곳 : 캐나다, 미국
먹이 : 식물

## 무기로 사용하는 꼬리 : 곤봉, 채찍, 가시

▶ **곤봉**
**안킬로사우루스**과 공룡은 꼬리 곤봉으로 유명해요. 하지만 목이 긴 슈노사우루스 같은 공룡도 꼬리 곤봉을 사용했대요.

안킬로사우루스 꼬리 끝의 곤봉은 골판이 서로 붙어서 만들어졌어요.

◀ **채찍**
**브라키오사우루스**는 긴 꼬리를 채찍처럼 휘둘러서 포식자를 쓰러뜨려요. 꼬리로 균형을 잃게 한 다음 발로 공격하지요.

꼬리는 부분적으로 뼈로 변한 단단한 힘줄로 만들어졌어요.

▶ **가시**
**스테고사우루스** 같은 초식공룡에게는 가시 같은 꼬리가 있어요. 누가 위협하면, 뒷다리로 똑바로 서고 앞다리로 몸 전체를 좌우로 흔들어 꼬리에 반동을 준답니다.

# 발로 싸우는 공룡들

숨 막히는 싸움이 승자도 없이 끝나고, 티라노사우루스와 안킬로사우루스는 피를 흘리며 떠났어요. 산악오토바이를 타러 돌아오는데 공룡 무리가 덤불 사이에서 갑자기 나타났어요. 날렵한 맹수인 데이노니쿠스는 우리와 비슷한 크기지만 매우 빨라요. 오토바이가 있는 데까지 무사히 갈 수 있을까요?

작은 먹잇감을 쓰러뜨릴 때 갈고리 모양의 발톱으로 찍은 다음, 잡아당기거나 비틀어 찢어요.

데이노니쿠스는 몸집이 작지만, 영리하고 민첩해서 무리를 지어 사냥하면 엄청 무섭답니다.

이름의 뜻 : 날카로운 발톱
키 : 1.5미터
몸길이 : 3미터
분류 : 드로마에오사우루스과
살았던 때 : 백악기 후기
몸무게 : 80킬로그램
살았던 곳 : 미국
먹이 : 고기

데이노니쿠스의 갈고리 모양 발톱은 너무 커서 달릴 때에는 위로 들어야 해요.

## 위험한 발톱

데이노니쿠스 무리는 커다란 먹잇감 위로 뛰어올라서 갈고리 발톱을 아이젠처럼 사용해요. 위로 올라가 날카로운 이빨로 연약한 부분을 물어 뜯어요.

▲ **데이노니쿠스**의 뒷발 두 번째 발가락은 굉장히 크고(12센티미터 이상) 낫처럼 생겼어요.

▼ **벨로키랍토르**는 가장 유명한 맹수일 거예요. 데이노니쿠스와 키가 비슷하다고 잘못 알려져 있는데 실제로는 1미터 밖에 되지 않아요.

◀ **트로오돈**은 갈고리 모양 발톱뿐만 아니라 양편에 톱니가 있는 이빨도 유명해요.

## 쓰레기를 뒤지는 무리

살짝 안전한 곳으로 피신해야겠어요. 오토바이를 타고 모래 사면으로 가서 나뭇가지로 은신처를 만들었어요. 잠시 후에 코엘로피시스 무리가 몰려왔어요. 꼬리를 좌우로 움직이면서 방향을 잡아요. 뒤를 따라가 보니 죽은 동물을 발견했네요. 먹이를 어떻게 나누어 먹는지 사진기로 찍어야 해요. 몇 마리는 망을 보고 나머지는 돌아가면서 고기를 먹네요.

꼬리와 목이 길고 날씬한 이 사냥꾼은 빨리 달려요. 새처럼 뼈가 비어 있어서 몸이 가볍지요.

코엘로피시스는 사냥도 하지만 쓰레기도 청소해요. 코엘로피시스의 뱃속을 보여 주는 화석을 보면 서로 잡아먹기도 한 것 같아요.

코엘로피시스는 몰려다니는 것으로 유명해요. 새끼를 기르는 동안 서로를 보호해 주기도 해요.

## 모이면 강해지나요?

코엘로피시스가 무리 지어 살았다는 증거가 있어요. 멕시코에 홍수가 발생해서 함께 죽은 코엘로피시스들의 화석이 많이 발견되었어요.

이름의 뜻 : 뼛속이 비어 있다.
키 : 1.3미터
몸길이 : 3미터
분류 : 코엘로피시스과
살았던 때 : 트라이아스기 후기
몸무게 : 30킬로그램
살았던 곳 : 미국
먹이 : 고기

▼ 용각류의 화석을 보면 어린 공룡이 어른 공룡과 함께 다니면서 보호를 받았던 것을 발견할 수 있어요.

▼ 영양처럼 작고 빠른 힙실로포돈은 여럿이 모여 있을 때가 안전해요. 포식자가 다가오는지 망을 볼 수 있으니까요.

▼ 파키리노사우루스의 뼈 화석 약 3,500개(14개의 머리뼈 포함)가 앨버타 주에서 발견되었어요. 먹이를 찾아 철마다 무리 지어 이동한 흔적이지요.

# 볏이 있는 포식자

쿵쿵쿵... 엄청난 무게가 느껴져요. 딜로포사우루스가 겁에 질려서 울부짖어요. 시속 40킬로미터로 달려가느라 다행히 우리를 보지 못 했어요. 무엇 때문에 달려가는 걸까요?

딜로포사우루스의 곁발굽은 특이해요. 애완용 개나 고양이의 며느리발톱과 비슷해요.

턱이 약해서 세게 물 수 없기 때문에 날카로운 발톱으로 먹잇감을 잡았을 거예요.

## 알고 있었나요?

딜로포사우루스 같은 공룡이 어떻게 생겼는지 알고 있나요?

▶ 과학자들은 볏이 머리뼈에 붙어 있지 않지만 머리 꼭대기에 있었을 거라고 추측해요.

딜로포사우루스의 머리에 있는 두 개의 볏은 암컷에게 키가 크고 적극적으로 보이기 위한 것이었나 봐요.

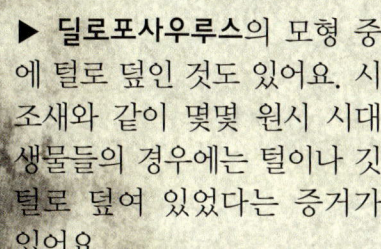

▶ 딜로포사우루스의 모형 중에 털로 덮인 것도 있어요. 시조새와 같이 몇몇 원시 시대 생물들의 경우에는 털이나 깃털로 덮여 있었다는 증거가 있어요.

▼ 딜로포사우루스가 오므려지는 목 프릴을 달고 영화 〈쥐라기 공원〉에 나왔어요. 현재 프릴이 있는 파충류도 있지만 딜로포사우루스에게 프릴이 있었다는 증거는 없어요.

딜로포사우루스는 약 2억 년 전 쥐라기 초기에 가장 큰 포식자였어요.

이름의 뜻 : 볏이 두 개 달린 도마뱀
키 : 1.5미터
몸길이 : 6미터
분류 : 코엘로피시스상과
살았던 때 : 쥐라기 초기
몸무게 : 450킬로그램
살았던 곳 : 미국
먹이 : 고기

## 숨어 있다 기습하라!

딜로포사우루스가 누구를 무서워하는지 알아보기 위해 비탈을 올라갔어요. 알베르토사우루스(티라노사우루스 렉스의 친척)가 호숫가를 어슬렁거리고 있어요. 사진기를 들자마자, 울부짖는 소리가 나고 물이 첨벙거려요. 데이노수쿠스가 물속에서 갑자기 튀어나오더니 알베르토사우루스의 목을 움켜잡았어요. 너무 무서워서 정신이 아찔해요.

데이노수쿠스는 '무서운 악어'라는 뜻으로 포보수쿠스라고도 불러요. 머리가 어마어마하게 크고 (2미터) 몸길이가 10미터나 되니 무서운 게 당연해요.

알베르토사우루스는 작은 편이지만 시속 40킬로미터로 달릴 수 있어요. 티렉스처럼 씹을 수 없기 때문에 커다란 고기 덩어리를 그냥 삼켜요.

알베르토사우루스는 백악기 북 아메리카에서 가장 흔히 볼 수 있는 강한 포식자였어요.

이름의 뜻 : 앨버타의 도마뱀
키 : 3.4미터
몸길이 : 9미터
분류 : 티라노사우루스과
살았던 때 : 백악기 후기
몸무게 : 2,800킬로그램(2.8톤)
살았던 곳 : 북아메리카
먹이 : 고기

## 포식자 사냥하기

굶주린 동물들이 습지대에 숨어서 지나가는 공룡을 기다리고 있어요.

▶ 공룡이 물을 마시려고 고개를 숙일 때 데이노수쿠스가 뼈도 씹을 수 있는 이빨 100개로 목을 물어요.

데이노수쿠스는 흙탕물에 숨어 있다가 공룡들을 기습하고 거북이를 잡아채는 무서운 악어예요.

◀ 백악기 시대의 악어들은 물속에 숨어서 물 밖으로 눈만 살짝 내놓고 먹잇감을 살펴요.

▼ 가장 큰 악어인 살코수쿠스는 백악기 시대에 살았어요. 원뿔 모양의 이빨은 작은 공룡을 잡아서 물속에서 익사할 때까지 잡고 있기에 딱 좋아요.

## 사파리 여행을 마치며

산악오토바이가 있는 곳으로 돌아가려고 할 때, 갑자기 하늘이 불길로 뒤덮였어요. 무슨 일이 일어난 걸까요? 겁에 질린 공룡들이 달아나는 소리가 요란하네요. 갑자기 눈앞이 캄캄해졌어요. 정신을 차리고 보니 집으로 가는 배를 타고 있어요. 다행히 손에는 사진기가 쥐어져 있고요. 불로 뒤덮인 하늘은 기절할 때 꾼 꿈이었을까요? 아니면 공룡이 사라지는 현장을 목격한 걸까요?

## 왜 공룡들이 사라졌을까?

공룡은 1억 5천만 년 동안 지구를 지배했지만 6천 5백만 년 전에 갑자기 사라졌어요. 여러 가지 학설들이 그때 무슨 일이 일어났는지 설명해 주고 있어요.

◀ 거대한 소행성이나 혜성이 지구에 부딪쳐서 거대한 폭발이 일어나고 먼지 구름과 충격파가 뒤덮어서 온 세상의 식물과 동물이 죽었어요.

▶ 과학자들은 멕시코에서 거대한 구덩이를 발견했어요. 6천 5백만 년 전 소행성이나 혜성이 지구와 부딪쳤을 때 만들어진 것 같아요. 180킬로미터나 되는 너비는 충격이 얼마나 컸는지 잘 보여 주고 있어요.

▼ 공룡이 멸종되었을 때 인도에서는 거대한 화산 폭발이 일어났어요. 먼지와 화산재로 이루어진 거대한 구름이 햇빛을 가렸고요. 기온이 떨어져서 식물들이 죽자 초식 동물들이 죽고, 마지막으로 포식 동물들이 죽었대요.

# 포식 공룡 사파리 보고서

사파리에서 겪은 일들을 친구들에게 자세하게 알려 줄 거예요. 공룡을 만났던 무서운 이야기를 듣기 위해 친구들이 모여들었어요. 비디오를 상영하는 동안 너무 놀라서 숨을 죽이더니 드디어 비명을 지르네요. 무섭기로 소문난 티라노사우루스 렉스 때문이에요.

포식자들의 크기는 다양해요. 무리를 지어 다니는 작은 공룡들도 어슬렁거리는 거대한 공룡들만큼 위협적이었어요. 1미터짜리 트로오돈의 갈고리 모양 발톱에 얻어맞아도 5미터짜리 알로사우루스에게 물린 것만큼이나 치명적이거든요.

- 티라노사우루스 렉스 - 6미터
- 알로사우루스 - 5미터
- 알베르토사우루스 - 3.4미터
- 카르노타우루스 - 3미터
- 사람 - 1.8미터
- 데이노니쿠스 - 1.5미터
- 딜로포사우루스 - 1.5미터
- 트로오돈 - 1미터
- 콤프소그나투스 - 0.7미터

사파리 여행을 하는 동안 서로 다른 시대를 살았던 동물들을 만났어요. 다음 도표는 동물들이 살았던 시대를 보여 주고 있어요.

## ● 옮긴이의 말

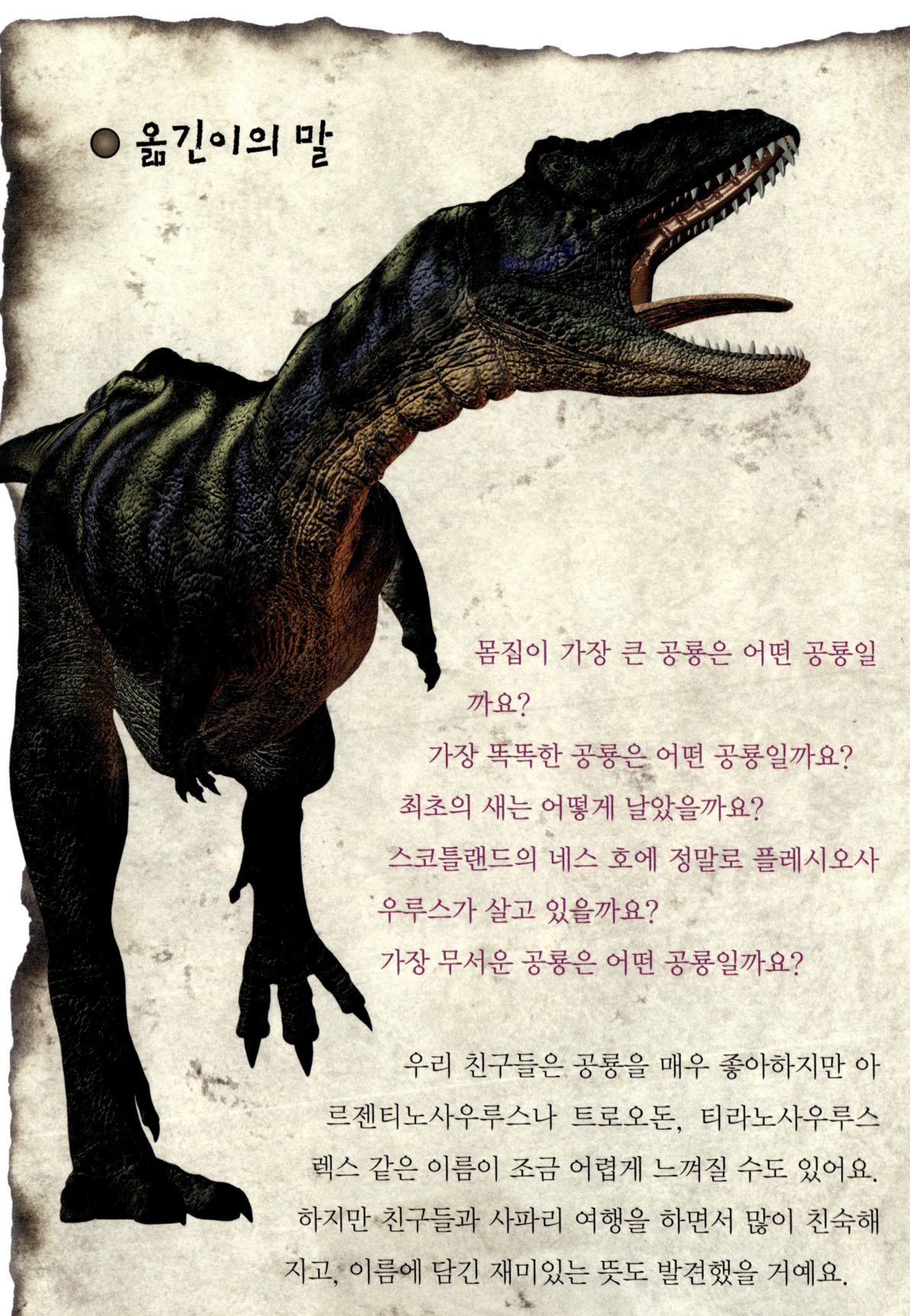

몸집이 가장 큰 공룡은 어떤 공룡일까요?
가장 똑똑한 공룡은 어떤 공룡일까요?
최초의 새는 어떻게 날았을까요?
스코틀랜드의 네스 호에 정말로 플레시오사우루스가 살고 있을까요?
가장 무서운 공룡은 어떤 공룡일까요?

우리 친구들은 공룡을 매우 좋아하지만 아르젠티노사우루스나 트로오돈, 티라노사우루스 렉스 같은 이름이 조금 어렵게 느껴질 수도 있어요. 하지만 친구들과 사파리 여행을 하면서 많이 친숙해지고, 이름에 담긴 재미있는 뜻도 발견했을 거예요.

공룡은 2억 5천만 년 전부터 6천 5백만 년 전까지
살았던 동물이지만, 우리는 과거의 세계로 여행을 떠나 직접 만났어
요. 하늘을 날고, 바닷속을 탐험하고, 수풀을 헤치면서 다양한 공룡
들을 만나고 나니 많이 친숙해졌죠? 너무너무 무서워서 도망치고
싶을 때도 있었지만, 귀여운 매력도 발견할 수 있었을 거예요.
몸집이 어마어마하게 큰 공룡, 커다란 날개로 하늘을 나
는 익룡, 깊은 바닷속에 사는 어룡, 공룡을 잡아먹
는 육식 공룡 등 공룡에 대한 연구는 지금도 계속 진
행 중이기 때문에 새로운 공룡이 발견될 확률은 매우 높
아요. 여러분이 공룡에 대하여 더 열심히 탐구하여 훌륭한 공
룡 박사님이 된다면 지금까지 발견된 공룡보다 더 큰 공룡을 발
견할 수도 있겠죠?
공룡 대탐험 여행은 공룡에 대하여 자세하게 알고 싶어 하는 우
리 친구들에게 친절한 길잡이가 되어줄 거예요. 어린이 여러
분, 공룡을 만나는 새로운 여행을 시작해요!

공룡이 사라진 후
6천 5백만 년이 지난 어느 날
고은주

Dino Safari
By Liz Miles
Copyright ⓒ 2012 Arcturus Publishing Limited All rights reserved.
Korean language edition ⓒ 2020 by Sansuya Publishing Co.
Korean translation rights arranged with Arcturus Publishing Limited, London through PubHub Literary Agency, Seoul Korea.

이 책의 한국어판 저작권은 PubHub 에이전시를 통한 저작권자와의 독점 계약으로 도서출판 산수야에 있습니다. 저작권법에 의해 한국 내에서 보호를 받는 저작물이므로 무단 전재와 무단 복제를 금합니다.

모험으로 가득 찬 공룡 탐험을 떠나요!
# 공룡 대탐험 여행

초판 발행 2020년 2월 15일

지은이  리즈 마일즈
그린이  조이 해리스
옮긴이  고은주
발행인  권윤삼
발행처  도서출판 산수야

등록번호  제1-1515호
주소     서울시 마포구 월드컵로 165-4
전화     02-332-9655
팩스     02-335-0674

ISBN 978-89-8097-444-3   76490

값은 뒤표지에 있습니다. 잘못된 책은 바꾸어 드립니다.

이 책의 모든 법적 권리는 도서출판 산수야에 있습니다.
저작권법에 의해 보호받는 저작물이므로
본사의 허락 없이 무단 전재, 복제, 전자출판 등을 금합니다.

이 도서의 국립중앙도서관 출판시도서목록(CIP)은
서지정보유통지원시스템 홈페이지(http://seoji.nl.go.kr)와
국가자료공동목록시스템(http://www.nl.go.kr/kolisnet)에서 이용하실 수 있습니다.
(CIP제어번호: CIP2019044114)

트라키오사우루스  디플로도쿠스

스피노사우루스  트리케라톱스

아파토사우루스

케라토사우루스

스테고사우루스

파라사우롤로푸스

기가노토사우루스

프테라노돈  아르겐티노사우루스  다크레오사우루스

콤프소그나투스
카르노타우루스
알로사우루스
트로오돈
안킬로사우루스
티라노사우루스 렉스
데이노니쿠스
딜로포사우루스
코엘로피시스
알베르토사우루스
데이노수쿠스